ポスト構造改革の経済思想

石水喜夫 *Ishimizu Yoshio*

新評論

ポスト構造改革の経済思想◆目次

序論　ポスト構造改革の歴史認識

本書は、『現代雇用政策の論理』（依光正哲教授との共著、一九九九年、新評論）、『市場中心主義への挑戦──人口減少の衝撃と日本経済』（単著、二〇〇二年、新評論）に続く第三弾である。

1　時代を支配した空気

一九九〇年代、バブル崩壊を経験した日本社会は長引く経済停滞に焦燥感を強めていた。市場メカニズムの活用によって経済活性化をねらう構造改革の論調は年々強まり、一九九五（平成七）年一二月、政府は「構造改革のための経済社会計画」を閣議決定し、構造改革を経済政策の立案にあっての基本思想とすることを宣言した。この文書は、「市場メカニズムの重視」、「規制緩和の推進」、「自己責任原則の確立」など新古典派経済学の教義を述べ、自由な市場経済システムが持つ調整力や機能性が有効に発揮されるよう、その阻害要因となる法律、制度、慣行を抜本的に改革するという確固たる姿勢を示した。

この方針は、その後、日本社会に様々な摩擦と混乱をもたらすこととなった。構造改革論が展開した日本型雇用システム批判も非現実的なものだった。『現代雇用政策の論理』では、日本型雇用システムが有する雇用安定機能と人材育成機能を擁護し、日本企業にみられる長期雇用慣行を基本に、新規学卒者の入職行動によって緩やかに産業・雇用構造を転換していく道を提案した。また、『市場中心主義への挑戦』では、人口減少経済において、市場の自動調整メカニズムに過度の信認を与えることの危険を、ケインズやハロッドの理論を援用して論じた。

しかし、前二著のころ、時代を支配していた空気は「構造改革」の空気だった。経済論壇をはじめ社会の様々な場面で語られる論調を見ても、構造改革に圧倒的な推進力が与えられていた。こうした中での反論はほとんど無意味であり、特に、前著『市場中心主義への挑戦』に加えられた攻撃には驚くべきものがあった。自由主義市場経済の生命力に疑問を差し挟むことが、経済論壇において極度に忌避されているのがありありと分かった。市場経済における「自由」には、それだけ多くの利害がからんでいるということなのだろう。

『現代雇用政策の論理』から一〇年、ようやく社会のムードも変わってきたようだ。手痛い失敗や批判の嵐に構造改革の路線も揺らぎ始めた。

その場の空気に支配されることは日本人の弱点である。論理による分析や見通しの態度を身につけることで、空気に支配される精神性から抜け出すことを学ばなくてはならない。「構造改革」とは、一体、何だったのか、また、構造改革の空気は如何にして生み出されたのか。日本社会の発展に向け、これまでの数々の過ちを論理的に分析し、もう、このようなことは二度と繰り返さないようにしなくてはならない。そして、その先には、将来の見通しを立て、論理的に社会の選択を考えるという課題が待ちかまえている。

2　「構造改革」とは何だったのか

市場メカニズムに過度の信認を置く時代の空気に導かれ、日本的雇用慣行の改造が試みられたが、そもそも、そこで多用された「労働市場」という概念には現代的な実態がない。それは、新古典派経済学が観念的に生み出した一種のフィクションに過ぎなかった。

企業組織の人事・処遇施策は、人事部が行う「人の見える手」である。伝統的な日本企業は工夫をこらし、知恵をしぼりながら従業員の働きがいを引き出すよう、今まで慎重な制度設計に心がけてきた。ところが、新古典派など構造改革のグループが主張した就業形態の多様化や成果主義的賃金制度は、「神の見えざる手」であった。企業は正規職員以外にも様々な就業形態を用意し、多様化する労働者のニーズにそって労働市場調整が行われることによって、企業も労働者もともに満足することのできる多様な働き方が実現されると考えられた。また、労働者の賃金は、その労働者があげた成果に基づいて支払われるべきであり、成果主義的賃金制度が普及すれば成果が市場価値として表され、一人ひとりの貢献にふさわしい賃金が形成されるとみなされた。このような、新古典派のフィクションの世界に囚われて、本来、社会経験を積み現実の中に生きているはずの組織人たちが、すっかり踊らされてしまった。

人事・処遇の制度改革を進めるにつれ、職場の人間関係は切り刻まれ、組織は個へと分解していった。本来、ある事業目的を推進するために集まった人々が、その組織の果たすべき社会的、歴史的な使命を見失い、市場価値の実現に向けて邁進した。組織が人を評価するのではなく、市場が人を評価するという仕組みが夢想されてしまったのである。しかし、信頼し協力し合いながらチームで仕事の成果を上げる組織において、個々の仕事の成果を市場価値によって算定することなど不可能であり、それを組織の運営原則とすることが好ましいはずもない。現実性のない労働市場の妄想は、職場から、相互の信頼や協力といった、市場価値よりも上位にあるべき、人としての、また、社会としての価値を損ない、殺伐とした「職場砂漠」を出現させた。

今後、砂漠化した職場の植林と緑化には、かなりの時間と労力を要するだろう。しかし、幸いなことに、職場に働きがいを取り戻すため、多くの組織が様々な工夫をこらし始めた。こうした取組を通じて、日本的雇用慣行を再評価する人々の意識も高まっている。企業の正規雇用の絞り込みによって生じた若年の不安定就業者の増加という問題に対しても、政策課題として正規雇用化が主軸とされ、大いに検討されるようになってきた。

こうしてみると、構造改革とは一体、何だったのか、これから時代はどこへ向かうのか、冷静さを取り戻した人々の思索は、ますます深まっていくものと思われる。

3　ポスト構造改革の経済思想

構造改革の時代は、今、終わろうとしている。しかし、それを本当に終わらせるためには、また、新しい時代に向け、力強く歩き出していくためには、歴史に学び、構造改革はどのようにして生まれてきたのか、また、構造改革の時代とは如何なる時代だったのか、そして、ポスト構造改革の時代はどのような時代になるのか、歴史の展開を大筋で理解する必要がある。さらに、現代の企業経営や経済政策に対し、経済学が大きな影響を及ぼしていることを踏まえ、新しい時代を担いうる経済学の革新に取り組むという課題も避けて通れない。

本書は、このような問題意識から、三部構成で議論を展開する。

まず、第Ｉ部「転換期の日本社会」では、第二次世界大戦後の日本社会の歴史を振り返り、今日、日本社会が如何なる意味で転換期を迎えているかを論ずる。

日本の経済政策と経済学の展開をみると、市場メカニズムを重視するグループと産業構造の展開を政策的に展望しようとするグループの二つの立場が存在していた。両派の貴重な政策論争は、「貿易主義」と「開発主義」の相剋の歴史の中に見つけることができる。こうした緊張感のある政策論争は、戦後復興期から高度経済成長期、さらにはニクソンショック、オイルショックと続く世界経済の動揺期において、日本の優れた経済運営を導いた。ところが、皮肉なことにこれらの成功は市場メカニズムに過度の信認を与え、経済社会を運営する人間そのものの力に対する関心を落としてしまった。こうした中で、二派の均衡が破れ、経済学における新古典派と経済政策における構造改革が、強大な勢力を築き上げることとなった。しかし、人口が減少し、成熟期を迎えた現代日本社会にとって、構造改革による政策方針は、現実経済の基礎的諸条件と全く合致していない。ここに現代日本社会の悲劇の根源がある。日本社会の歴史的展開を学び、国際的な勢力関係を知ることによって、政策適用の「ねじれ現象」が生じた原因を探るとともに、情報化、グローバル化、人口減少などの社会変化が、日本社会にどのような選択を求めているのか、その真の課題をつきとめることが第Ｉ部の目的となる。

次に、第Ⅱ部「経済学と経済思想」では、格差をめぐる論争を題材に現代経済学の社会哲学を描き出した上で、アダム・スミスの『国富論』とケインズの『雇用・利子および貨幣の一般理論』を対比的に取り上げ、経済理論の持つ歴史性と思想性について論ずる。

経済政策に与える経済学の影響は極めて大きい。政策が病状の「診断」に基づく「処方」のようなものなら、経済の現状分析は病状の「診断」にあたる。そして、複雑な経済を多くの統計指標を用いて総合的に「診断」するためには、予め、経済指標の相互の関係に理論的な認識を提供する経済理論を活用せざるを得ない。ところが、経済理論には、歴史性があり、思想性があるため、経済理論の性格が経済政策に投影される。経済理論の活用にあたって、その性格を知悉しておかなくてはならない。現代の経済政策に影響力を持つ現代経済学主流派は、スミスの系譜を踏む新古典派であり、その歴史性と思想性の限界を正しく理解することが極めて重要である。この課題に応えるため、理論の源流であるスミスにまで遡り、スミスの時代とケインズの時代の違い、また、それぞれの経済思想の違いや特徴点について論ずる。

最後に、第Ⅲ部「経済思想の変革と創造」では、人々が人間らしく生きることのできる多様性と創造性を備えた社会システムについて考え、そうしたシステムを生み出すための経済学の革新について論ずる。

人間の社会活動とは、互いに認め合うことのできる価値を創造するということである。その価値をめぐる経済学の思想は、商品の交換を通じた市場価値の形成に関心を持つスミスの思想と有効需要に裏付けられた新たな価値の創造に関心を持つケインズの思想とに分かれているが、現代におけるスミスの思想の強まりは、市場競争と市場価値を絶対視する傾向を促し、ついには、人々から生きがいや働きがいを奪い始めている。人々は、多様性と創造性を備える自らの命の力に導かれ、日々の生活の中から、それぞれ価値あると信ずるものを創造する。しかし、市場メカニズムの活用によって経済活性化を目指した構造改革の時代には、人間の諸活動を全て市場価値によって評価する傾向が促され、しかも、人口減少と有効需要の停滞傾向の中で、人々の価値創造活動は市場価値として実を結ぶことはなかった。市場価値という単一の価値基準によって、人々の多様な価値を無理にも評価しようとしたことは、社会に耐え難い格差の拡大をもたらした。このような状況のもとで、多くの人々が自信を失い、自らの価値観というものを保つことができなくなりつつある。生命体としての人間の多様性と創造性が急速に失われ、現代日本社会は文明的な危機に直面している。人々が自らの生命力に自信を持ち、力強く生き抜くことができるよう、市場価値の体系を乗り越え、人が人らしく生きることのできる社会システムを目指さなくてはならない。ケインズ理論を、市場価値を超克し、人間が人間らしく生きていくための社会権確立に向けた理論として読み直すことによって、経済思想の革新のための取組を提言し、第Ⅰ部、第Ⅱ部も含めた本書全体の結論とする。

第Ⅰ部　転換期の日本社会

第1章　戦後日本社会と経済思想

経済政策は、その内容が時代の基礎的条件に合致し、かつ、社会を構成する人々の意思にかなったものであるとき、はじめて大きな成果をあげることができる。

経済政策が、その時代の、また、その社会の基礎的条件に合致したものであるためには、優れた経済分析を必要とする。しかし、それだけでは経済政策は成功しない。政策が、社会の実態に働きかけ、人々の生活のうえに新しい価値を創造していくものである以上、人々の考え方や価値の体系を踏まえたものでなくてはならないのである。特に、政策の強力な推進には、その政策が人々の考え方や意思を集約したものであることが求められる。ここに、政策を企画、立案し、実施に移していく場合の、政治の役割がある。

社会に生きる人々の、生活や行動を規定している考え方は、日々の経済活動の中から生み出される。そして、経済活動そのものに、規律や統一性を与えている。このような人々の考え方や意思の総体は、経済思想と呼ぶことができる。それは、一人ひとりの意思から成り立つものではあるが、同時に、政治的な意見集約と政策の実施を通じて、経済活動に全体としての規律や統一性を与え、社会的に観察することのできる、社会的な価値体系として立ち現れる。

このような経済思想は、一般に、社会の歴史的な観察から浮かび上がってくる。なぜなら、それは社会の歴史的な展開の中で育まれているからである。

この第1章では、戦後日本社会の歴史的検討をもとに、経済思想の姿とその変遷を検討する。まず、第1節「戦後日本経済の展開」では、戦後経済史を、労働者と使用者の意思を踏まえて形作られてきた雇用システムを主軸に振り返る。次に、第2節「政府の経済計画と経済政策」では、日本の経済、社会の展開に対応して示されてきた、政治的な意思の集約として、累次にわたる政府の経済計画を分析し、戦後復興以来、「開発主義」と「貿易主義」と呼ばれた二つの経済思想の相剋をみる。そして、第3節「戦後経済思想の変遷」では、これらの歴史的展開を経済思想の変遷ととらえ整理するとともに、その歴史の果てに登場した現代の「構造改革」について考える。

第1節　戦後日本経済の展開

1　戦後経済の再建と復興（昭和二〇年代）

労働立法と社会権の確立　一九四五（昭和二〇）年八月一五日、日本は、第二次世界大戦の総力戦をへて敗戦を迎えた。日本の国土において、おおかたの生産設備は破壊され、国民生活も大きな窮乏と混乱の中にあった。鉱工業生産の水準は、戦前の三割程度にまで低下し、敗戦に伴う国土の縮小のもとで、六〇〇万人の復員・引き揚げ者を迎えなくてはならなかった。

このため、早急に経済を復興させ、こうした人たちに雇用機会を提供することが、国の経済運営における最大の課題となったのである。

人々は、日々の生活の糧を得るために自らの労働力を販売するが、労働力需給の状態は圧倒的な労働力供給の過剰状態にあった。大量の失業者が存在し、労働力を売り急ぐ状態は、賃金、労働条件の引き下げ圧力となり、労働者の生存水準を脅かした。さらに、労働条件を形成するための労使協議のルールも正常なものとはいえなかった。

こうした環境のもとで、公正な社会ルールを構築するとともに、労働条件の低下を抑制するための労働法の整備が希求された。また、その整備にあたっては戦前社会での検討を踏まえるとともに、連合国軍総司令部（ＧＨＱ）が、日本国憲法の制定を通じて日本社会にもたらした社会権の思想も大きな影響を与えた。

労働条件低下の抑制や公正な分配の実現に向け、労働立法の活動が本格化した。労働基準法・労災補償法（一九四七年）が制定されるとともに、良好な労使関係を形成していくため、労働関係調整法（一九四六年）、労働組合法（一九四九年）などが制定された。また、失業者の就職の促進、公共事業による直接的な雇用機会づくりなどの雇用の安定に取り組むため、職業安定法・失業保険法（一九四七年）、緊急失業対策法（一九四九年）などが制定された。

そして、これらの労働法を施行するとともに、労働問題の総合的な把握と労働政策の運営のために、労働行政を行う単独の行政組織として労働省が設置された（一九四七年）。

労働者は、それぞれの家庭において日々の生計を立て、子どもを養育し、子どもは成長すると、新たな労働者として社会に参加していく。一国の労働力は、こうして量的にも質的にも維持される必要があり、さらに、その労働力の量的、質的な拡大・発展は、一国の経済発展の基礎となるものである。戦後労働立法[1]は、その後の日本経済の発展の礎石を築くものであり、現実にも、労働条件低下の抑制や失業者の吸収という観点から重要な役割を果たしたといえる。

物資動員的な経済計画の実施　しかし、当時の労働問題は、戦後の混乱によって、生産活動が停滞していることにその根源があった。こうした労働問題の解決には、経済復興そのものが必要であった。日本政府は、経済復興のための経済計画の企画、立案とその強力な推進のために、経済安定本部を設置した（一九四六年）[2]。経済安定本部の具体的な任務としては、経済統制があり、その権限や行政執行力は、他の政府省庁を超越するものであった。また、その作成する計画は、多分に物資動員的な性格を帯びるものであった。そして、これらの強い権力の背景には、ＧＨＱの統治権力があった。

経済安定本部は、経済復興の方式として「傾斜生産方式」を採用した。傾斜生産方式とは、資材、資金、労働力など限られた国内資源を、最も基礎的な石炭鉱業と鉄鋼業に投入し、重油輸入等で補完しながら、石炭と鉄鋼の相互循環的な増産の効果を、しだいに他産業に及ぼしていこうとする政策構想であった。この構想は一九四七（昭和二二）年に実施され、その年度の目標水準をほぼ達成することができた。このことから経済安定本部の機能とその政策は、戦後復興の基礎を築いたと、全体としては評価されている。また、こうした復興の方法は、日本の急速な重化学工業化の基礎を育てることにもつながったといわれている。

ドッジラインと自由主義市場経済

一方、迂回生産の理論に基づいた傾斜生産方式は、明らかに生産財重視の政策であり、消費財の不足に起因するインフレーションの抑制には、効果は乏しかった。一九四八（昭和二三）年秋に内閣を組織した第二次吉田茂内閣にとって、インフレーションの抑制は最大の政策課題であり、次年度の予算編成は池田勇人大蔵大臣のもとで厳しい均衡予算がとりまとめられた。また、この対応には、当時のGHQの中で経済統制に親和性の強いグループ、いわゆる「ニューディーラー」を抑えるために来日したJ・M・ドッジ公使の指導、影響が大きかったことから、その政策の総体は「ドッジ・ライン」と呼ばれた。

このように、戦後日本の経済政策は、その復興の方式について、一九四九（昭和二四）年の段階で大きな転換がなされている。そして、この転換は、インフレーション抑制という政策課題への対応とのみ理解されるべきではなく、国際社会の変化、その中での経済復興戦略の転換として理解されなくてはならない。

第二次世界大戦をともに戦ったアメリカ合衆国とソビエト連邦という二つの巨大国家は、戦後、次第に対立を深め、その対立状態は「冷戦」と呼ばれるようになった。冷戦は単なる国家的対立ではなく、両国を中心とする国家群の対立であり、その根底には資本主義と社会主義という社会体制の選択の問題

（1）これらの労働立法はGHQの戦後改革の一環であり、農地改革などの諸改革と一体的に行われ、戦前社会の負の遺産を清算し、戦後社会の発展の基盤を確立した。その意義については、高梨昌「戦後労働市場研究小論――労働市場研究前史」（『信州大学経済学論集』第七号、一九七三年二月）に詳しい。

（2）経済安定本部は、一九四六年八月一二日に設置されたが、その後、その機能は経済審議庁（一九五二年八月一日発足）、経済企画庁（一九五五年七月二〇日発足）へと引き継がれた。なお、二〇〇一年一月六日の中央省庁再編によって内閣府がその継承組織とされている。

があった。

体制運営の方式に注目すれば、資本主義の方式は、市場での自由な経済取引を通じて資源を配分する方式であり、一方、社会主義の方式は、国家による計画と統制によって資源を配分する方式である。冷戦状態が強まるにつれ日本の経済復興においても、この原理的な対立が強まった。アメリカのデトロイト銀行頭取のドッジが、ＧＨＱの財政顧問として着任したことは、象徴的なできごとであり、インフレーションを押さえ込むための「一挙安定論」が強まり、総需要を大きく切りつめ、市場の自動調節機能によって資源配分と価格安定を行うことが基本的な方針とされた。すなわち、計画主義・開発主義ではなく、純粋な市場経済によって国を律するという、政策理念の転換が生じたのである。

こうして、冷戦の深刻化がＧＨＱにおけるニューディーラーの勢力を後退させた。また、日本社会にとっても、公職追放を受けた者の解除など、復興初期とは異なる政治・社会状況が生まれ、「逆コース」と呼ばれることとなった。

自由主義経済諸国との講和条約　戦後復興期に五回にわたって内閣を組織した吉田茂は、早期の主権回復を目指していた。吉田首相は、冷戦激化に伴うＧＨＱの対日管理方針の転換を契機として、独立に向けアメリカ合衆国と現実的な交渉を開始した。そして、その持つ冷徹な世界認識に立脚し極めて困難と思われた敗戦国家の独立を勝ち得たのである。一九五一（昭和二六）年九月、サンフランシスコで講和会議が開かれ、日本は、アメリカを中心とする自由主義市場経済のもとにある国々とサンフランシスコ講和条約を締結した。条約は、一九五二（昭和二七）年四月二八日に発効し、ここに日本は独立を回復した。

早期の独立回復は、日本社会にとって無条件に祝うべきことであり、吉田首相の国家戦略は大変、優れたものであった。ただし、その経済思想については重層的に評価し、功罪を論じなくてはならない。なぜなら、自由主義市場経済の原理的な理解のもとに実施された「ドッジ・ライン」は、インフレーションの収束という点においてのみ評価できるのであって、完全雇用の政策目標を放棄するものであったからだ。ドッジラインによって、単一為替レート（一ドル＝三六〇円）が設定されたが、それに加え、復興金融公庫の廃止、財政補給金の廃止、国債の償還などを盛り込んだ超均衡予算が編成された。ドッジの強引な事の運びには、労働省だけでなく、日本銀行にすら反対論があったと言われている。強引な総需要の削減は、都市失業者を増加させ、帰農する者や不完全就業者など、より広い意味での潜在的失業者を増大させた(3)。

こうした国内の行き詰まった経済・社会情勢を救ったものは、ほかならぬ、一九五〇（昭和二五）年六月に勃発した朝鮮戦争による外需の拡大だったのである。

---

(3)　一九五〇年四月に発表された戦後二冊目の労働経済白書（労働省「昭和二四年労働経済の分析」）ではドッジ・ラインによって激化した失業問題が分析された。ただし、ドッジ・ラインとの政策的な因果関係については、白書に盛り込まれることなく、白書の執筆責任者であった増田米二氏（労働省労働経済課長）の個人論文として発表された（増田米二「安定経済計画下労働経済への一考察」（労働省労働統計調査部『労働統計調査月報』一九五〇年第四号に収録））。なお、この経緯に関して、当時を知る楠田丘氏（日本賃金研究センター代表幹事）の話によれば、白書は、ＧＨＱによる事前の審査が大変厳しかったが、個人の見解として公表されるものについては、占領下にもかかわらず、全く自由であったとのことである。この時のいきさつを楠田氏は筆者に「増田さんも偉かったですが、ＧＨＱの態度も大変、立派でした。ああ、これがアメリカの民主主義というものかと感激しました」と述懐された。

2　高度経済成長（昭和三〇年代から四〇年代前半）

アメリカの世界秩序の受け入れと巧妙な外需獲得戦略　第二次世界大戦の敗戦国であった日本は、国の解体を回避し、その存立を賭けて早期の独立回復を実現した。そして、戦後世界におけるアメリカを中心とした市場の拡大を見通し、日本の復興・成長に必要な需要の拡大を、貿易の拡大を通じて積極的に取り込むことが目指された。冷戦構造の中で、アメリカを中心とした世界秩序を受け入れ、そこから積極的な利益を引き出すというのが、戦後日本のとった基本戦略だったのである。

サンフランシスコ講和条約の締結に成功し、独立を回復した日本は、アメリカ主導のもとに国際貿易体制が開放的になっていく中で、この利益を積極的に獲得していくための外交的努力を継続した。一九五三（昭和二八）年には、国際通貨基金（ＩＭＦ）に、一九五五（昭和三〇）年には、関税および貿易に関する一般協定（ＧＡＴＴ）に加盟した。

第二次世界大戦後の世界経済秩序の構築にあたっては、アメリカなど戦勝国は、戦前世界が世界大恐慌（一九二九年）を契機としてブロック経済化し、それが世界大戦の引き金になったという認識を有していた。このため、戦後には、アメリカを中心とした自由主義市場経済の体制をとる西側諸国は、共同して貿易の自由化を促進する国際的な仕組み作りに努力することになった。そして、その代表的なものが、ＩＭＦ協定とＧＡＴＴだったのである。

経済成長を制約した「国際収支の天井」　ただし、日本の経済力と国際競争力は低く、ＩＭＦ・ＧＡＴＴ体制への参加は、条件付きの参加にとどまるものであった。すなわち、ＩＭＦ加盟では、国際収支擁護を目的とした為替制限をしても良い「一四条国」として、また、GATT加盟では、国際収支のために貿易制限をしても良い「一二条国」として加盟したのである。

日本経済は国際競争力が低いために、開放的経済体制のメリットを十分に享受することができなかった。このことは、日本経済の成長制約となった。生産力の弱い経済は、経済循環の中で景気回復が強まってくると、国内生産力が国内需要に追いつかず、輸入が急増し、国際収支が急速に悪化してしまうのである。国内需要に応えられるだけの生産力を築き、さらに、資源・エネルギーなど生産活動に必要な資源を安心して購入できるだけの、外貨準備を積み上げることが必要だった。景気回復が、国際収支の悪化、外貨準備高の減少をもたらし、その都度、政府が需要を削減し成長を抑制せざるを得ない現象は「国際収支の天井」と呼ばれた。

国際収支の天井とは、①景気回復による国内需要の拡大→②国内生産力を超える需要の発生→③国際収支の悪化→④金融引き締めなど需要の削減→⑤景気後退、という制約的な景気循環パターンであり、これを克服し、継続的な経済成長を実現するには、国内生産力を強化するしかなかったのである。

国民所得倍増計画とボトルネックの克服

国内資源が限られた日本が、生産力を強化するには、働く人たちを産業に適切に配置した上で、意欲と能力の最大限の発揮に期待する他はない。吉田元首相の信任が厚かった池田勇人は、一九六〇（昭和三五）年、首相となると「国民所得倍増計画」をまとめ、人的能力の向上、科学技術の振興などを経済成長の新機軸に据えた。また、計画的な社会資本の整備を目標に掲げ、生産活動にとって隘路（ボトルネック）となっている部分を、公共投資によって補うという考え方を提示した。さらに、この計画と連携する形で、労働政策における労働力再配置政策が本格化した。農村の過剰労働力を都市の工業労働力へと結びつける広域的な職業紹介が強化された。

農業社会からの急速な工業化　これらの努力によって、日本の工業生産力は急速に強化されていった。経済成長率（実質ＧＤＰの年率平均の成長率）は、一九五五～六〇年に８・８％、一九六〇～六五年に９・２％へと高まり、一九六五～七〇年には１１・１％となった。昭和四〇年代前半の「いざなぎ景気」（一九六五年一〇月から一九七〇年七月）は、五七か月にも及び、日本社会にかつてなかった大型景気がもたらされた。

高度経済成長を通じて、ＧＤＰに占める第二次産業の割合は、一九五五年の３２・１％から一九七〇年には３８・４％にまで高まった。また、職業構造（割合）をみると、農林漁業作業者は一九五五年の４０・６％から一九七〇年の１９・２％まで低下するとともに、生産工程・労務作業者は一九五五年の２４・８％から一九七〇年の３２・４％にまで上昇した。このように日本社会は農業社会から急速な工業化を遂げたのである。

戦後労働立法と高度経済成長　高度経済成長の要因の一つとして、戦後復興期に制定された労働法が、その後、次第に定着し、健全な雇用システムの形成に貢献したことが指摘できる。農業社会から工業化へと進展するに従い、人々は企業組織で働くようになっていくが、ニューディーラーの理想の表現でもあった日本国憲法が、社会権、勤労権の思想を予め用意したことは、経済成長にとって大きな利点となった。

まず、第一に、労使関係を律し労働基準を定める法律が施行され、かつ、それを運用する体制が準備されていたことで、企業における集団的な労働が円滑に組織化され、工業生産力の向上に寄与した。

第二に、失業予防、就職の促進のための法律によって、労働力が効率的に産業活動に供給され、特に、公共職業安定所の職業紹介機能が全国に用意されていたことによって、農村の過剰労働力が都市での工業労働力として円滑に供給された。

第三に、これらの雇用システムが、国民生活を安定させ、消費の拡大を生み出し、経済成長を通じて国民生活の発展をもたらすという、国民経済面での好循環を生み出した。

また、これらの労働立法は、高度経済成長期においても引き続き拡張された。国民所得倍増計画では、成長における人的能力の向上が重視されたが、技能労働者の育成・確保のため、職業訓練法（一九五七年、後に職業能力開発促進法）が制定され、労働省に職業訓練局が設置された（一九六一年）。また、労働基準法の定着のもとに労働安全衛生対策が強化され、質的な側面も含めた労働条件の向上を通じて、経済成長の成果が適切に労働者へと分配された。さらに、産業間・地域間の労働力配置の中心にあった公共職業安定所の機能を向上させるため、労働市場センターが設置され（一九六五年）、最先端のコンピュータ技術によって広域的行政運営を強力に支援した。

経済運営における労働省の位置づけは急速に高まり、長期的な視野に立った総合的な雇用対策を取りまとめるため、一九六六（昭和四一）年には雇用対策法が制定された。翌年には、佐藤栄作内閣のもとで経済企画庁が策定した経済計画（「経済社会発展計画――四〇年代への挑戦」）との連携を重視し、雇用対策法の理念を具体的に実現するため、労働省は第一次雇用対策基本計画を策定した。これ以降、経済企画庁と労働省が策定する両計画は、綿密な連携のもとに取りまとめられ、閣議決定された。経済計画と雇用対策基本計画の強固な関係は、二〇〇一（平成一三）年一月の中央省庁再編まで継続するのである。

3　世界経済の動揺と安定成長への移行（昭和四〇年代後半から五〇年代）

ニクソンショックとオイルショック　高度経済成長を通じて、日本の工業生産力は飛躍的に拡大した。アメリカをはじめ自由主義経済諸国は、日本がＩＭＦ・ＧＡＴＴ体制への条件付き参加から卒業し、自由貿易体制を支える側に回ることを期待した。一九六三（昭和三八）年、日本は国際収支上の理由で輸入制限をしてはならないＧＡＴＴ一一条国へ移行した。また、一九六四（昭和三九）年には、ＩＭＦ八条国へ移行し、加盟国として一般的な義務を履行することとなった。(4)

日本の工業生産力は、その後も拡大を続け、アメリカとの貿易摩擦を引き起こすこととなったが、それは、アメリカ経済の相対的後退、国際収支の赤字、さらにはドル危機へとつながっていった。これらの事態は戦後世界の貿易・経済体制の見直しへと突き進み、日本の高度経済成長の前提を突き崩すものとなった。

一九七一（昭和四六）年八月、アメリカのニクソン大統領は、ドルの金交換停止を柱としたドル防衛策を発表した。その国際的な衝撃は大きく、「ニクソンショック」と呼ばれた。自由主義経済諸国は固定相場制から離れ、最終的には変動相場制へと移行することとなった。円の対ドルレートは切り上がり、日本の輸出産業は大きな打撃を受けたが、円切り上げに対応した大型予算の編成や田中角栄内閣の「日本列島改造」の推進などによって、人々のインフレ心理が高まり、土地、株式等の資産価格も投機的な大幅上昇を示した。

さらに、一九七三（昭和四八）年には、第四次中東戦争を引き金として、第一次石油危機が発生し、「狂乱物価」と呼ばれる経済混乱が生じた。一九七四（昭和四九）年の実質経済成長率は戦後初めてマイナスとなり、消費者物価上昇率は急騰し（23・2％）、春闘賃上げ率も32・9％（労働省労政局調べ）となった。

解雇抑制的雇用政策の体系化　需要の減退による失業の増大と賃金・物価スパイラルによるインフレーションは、日本ばかりでなく先進国共通の政策課題となった[5]。

これに対し、日本は、賃上げの仕組みとして定着していた「春闘」を日本版所得政策[6]として運営する

（4）ＩＭＦ加盟国の一般的な義務の履行とは、経常取引は制限しないこと、差別的通貨措置はとらないこと、他の加盟国が保有する自国通貨に交換性を付与することなどである。

（5）景気の停滞下で物価上昇が続く状態は、スタグネーション（景気停滞）とインフレーション（物価上昇）が同時に生じていることから「スタグフレーション」と呼ばれた。それまで、一般に失業率上昇と物価上昇は併存しないものと見られていたが、ドル価値の下落や資源価格高騰などが、それまでになかった政策課題を浮き上がらせることとなった。

（6）所得政策とは、賃上げが物価騰貴をもたらすようなコストプッシュ型のインフレーションの局面において、賃金上昇率を労働生産性上昇率の範囲内に収めるように取り組む政策のことである。

とともに、企業は解雇抑制的な人事施策をとるよう促すという対応をとった。労働省は雇用保険法を準備し、解雇抑制的雇用政策を展開するとともに、三木武夫内閣は「昭和五〇年代前期経済計画」（一九七六年五月閣議決定）において完全雇用の確保を宣言し、雇用の安定を図る労使の信頼関係を強める環境整備に努めた。さらに、労働行政の運営では、労使コミュニケーションが重視され、労働組合は経営環境や国民経済の実態をよく理解することによって、節度をもった労働組合運動を展開するとともに、経営側の労働組合に対する理解も促進された。労働省は労使の意思疎通、相互理解の増進に努め、全国、地域の様々なレベルで協議の場を持ったが、その中で、首相、労使首脳、学識経験者からなる産業労働懇話会の果たした役割は大きかった。(7)

日本社会は、これらの優れた対応によって高度経済成長から安定成長軌道へと適切に転換し、一九七八（昭和五三）年秋に発生した第二次石油危機の影響は比較的軽微なものに収まった。自由主義経済諸国の中で、日本の経済パフォーマンスは良好なものであり、日本産業は、改めて高い輸出競争力を獲得することとなったのである。

4　バブルの形成と崩壊（昭和の終わりから平成年間）

厳しさを増した日米貿易摩擦と日本の外交対応

戦後の経済復興と高度経済成長を成し遂げ、さらには、世界経済の動揺を巧みに乗り切った日本経済は、高い輸出競争力を獲得することができた。しかし、一方で、アメリカとの経済摩擦を激化させるという問題を抱え込んだ。

こうしたアメリカとの外交課題に対し、日本はアメリカの主張を一方的に受け入れ「内需拡大策」を行い、昭和の終わりから平成の初めにかけ、「いざなぎ景気」につぐ大型景気を出現させた。しかし、その経済拡張は、その後「バブル経済」と呼ばれ、一九九一（平成三）年のバブルの崩壊以後、日本は長期の経済停滞を経験することとなった。

日米貿易摩擦とマクロ経済政策　一九八〇年代に生じたアメリカとの貿易摩擦は、日本の総需要抑制策とアメリカの総需要拡大策が、時を同じくして行われたことによって、アメリカの対日赤字をさらに拡大させ、外交上も対立をより激しいものとさせた。この点で日米貿易摩擦は、極めてマクロ経済的な事象だった。

まず、日本についてであるが、石油危機後の総需要管理政策によって、巨額の財政赤字を抱えることとなり、安定成長軌道への転換の成功を待って財政収支の均衡に向けた対応を開始した。鈴木善幸内閣は、一九八一（昭和五六）年度を「財政再建元年」と定め、厳しい歳出抑制態度をとった。これにより国内の総需要は抑制され、日本の高い生産力が輸出へ、特に、アメリカ向け輸出へと向かう背景となった。

（7）一九七四年に失業保険法を改正し制定。雇用保険特別会計のもとで雇用対策を総合的に推進する体制が確立された。また、一九七七年の改正では、景気変動や産業構造の変化に柔軟に対応して各種の施策を効果的に行えるよう雇用安定資金制度が創設された。これらは、雇用関係のもとにある労働者を対象とし、労使の協調のもとに雇用安定の諸施策を展開していく財政的基盤を確立した点に意義があった。そして、このような政策展開を図る労働省の行政が、労使関係行政としての性格を強める背景ともなった。

レーガノミクスとその帰結

一方、アメリカでは、一九八一年にレーガン大統領が、第四〇代のアメリカ大統領に就任した(8)。レーガン政権は「小さな政府」と「強いアメリカ」を掲げ所得税の減税、福祉支出の削減、通貨供給量の削減、国防費の増大を推進した。レーガン政権の経済政策はレーガノミクスと呼ばれ、この政策では福祉支出を削減し政府を小さくし、市場原理を働かせることで民間の活力を高めることができると期待されていた。しかし、現実には、対外的に打ち出した対ソ強行路線による大規模な国防支出によって財政支出は拡大した。また、大幅減税は消費支出を拡大させた。こうした国内需要の増大がアメリカの輸入を拡大させる方向へと作用したのである。「小さな政府」を目指した経済政策は、かえって、財政赤字と貿易収支の赤字を拡大させ、「双子の赤字」と呼ばれた。さらに、通貨供給量の削減は高金利を生み、ドル高の傾向を生み出し、アメリカの輸出産業にとっては打撃となった。このように、日米貿易摩擦はマクロ経済政策の当然の帰結なのであって、アメリカが日本の貿易収支の黒字拡大のみを批判し、対日赤字が日本市場の閉鎖性に由来していると主張したことは、必ずしも合理的な根拠を有するものではなかったのである。

日本のバブル形成とその崩壊

レーガン政権にとっては、その政策運営の結果から、ドル高政策を転換させドル安に誘導する必要があった。一九八五（昭和六〇）年九月、ニューヨークのプラザホテルで先進五か国蔵相中央銀行総裁会議（G５）がもたれ、ドル高是正を内容とするプラザ合意がとりまとめられた。また、アメリカは併せて、対日貿易赤字削減策として、為替市場への介入による円高誘導、日本の対米貿易黒字削減を検討する日米構造協議の開催、さらには、日本に対し内需拡大策を要求した。

これらは、アメリカに生じた貿易赤字の拡大をドル安と日本の内需拡大、市場開放によって解消しようとするものであったとみることができる。

その後、日本は、国内政策としてプラザ合意の線を忠実に守っていくこととなる。プラザ合意に伴う円高によって円高不況に陥った日本は、内需拡大策をとった。そして、景気が回復し、さらに、その過熱に向かう中にあっても、かなりの期間にわたって金融緩和策を継続した。この結果、過剰な国内資金は有利な投資先として株式市場に向かい、また、「土地神話」のもとに土地の購入・転売が行われ、株価の急騰と地価の暴騰というバブル経済を発生させることとなった。

グローバリゼーションの席巻　アメリカは、日本市場の閉鎖性を主張するとともに、市場開放は、日本の消費者にとっても、その消費生活を豊かにするものであると主張するようになった。さらに、日本の雇用制度や雇用政策のあり方が問題視され、アメリカ型の雇用システムの優位性も主張されるようになった。日本のバブルが崩壊した一九九一（平成三）年は、ソビエト連邦が崩壊し、アメリカの勝利のもとに冷戦が終結した年でもあったが、国際的な政治バランスの中でもアメリカの力が突出し、アメリカの主張が「グローバルスタンダード」とみなされる傾向が強まった。しかも、バブルの崩壊に直面した日本社会が、全般に自国の経済制度に自信を失ったことから、これ以後、グローバリゼーションの席

（8）レーガンの在任期間は、一九八一年一月から二期八年。この間の日本の内閣は、鈴木善幸内閣（一九八〇年七月から八二年一一月）、中曽根康弘内閣（一九八二年一一月から八七年一一月）、竹下登内閣（一九八七年一一月から一九八九年六月）。

巻とでも呼ぶべき時代状況が繰り広げられることとなったのである。

第2節　政府の経済計画と経済政策

1　経済計画と経済思想

経済計画とは「実現可能な望ましい姿」の提示　戦後日本経済では、その時々の状況に応じて運営された経済政策があった。その経済政策の体系は、経済計画によって取りまとめられ、それぞれの内閣は、経済計画を通じて経済運営の考え方を国民に対し打ち出してきた。

戦後、正式に閣議決定された最初の経済計画は、「経済自立五ヵ年計画」（一九五五年）であり、以後、経済企画庁は一四の経済計画を策定してきた。

自由主義市場経済のもとにある日本においては、経済計画は、物資動員を図る国家計画ではない。戦後日本における経済計画の役割は、「実現可能な望ましい姿」(9)を提示することであった。経済計画には、経済成長率などの指標が目標値として盛り込まれているが、これらは、計量経済学の方法に基づき、各指標の相互の関係に整合性をもたせて推計されている。しかし、それは、その予測される経済の「実現可能性」を検証しているにすぎないのであって、そもそもその経済の「望ましさ」は計量分析から客観的に描き出されるものではない。経済計画は、まさに、その時代時代の経済思想そのものなのである。

経済計画が果たす三つの役割　自由主義市場経済のもとにある国で政府が積極的に「実現可能な望ましい姿」を提示するのは、次の目的によるものである。

第一に、民間の経済活動に指針を提供することである。現代の高度で複雑な経済活動において、個人も企業も、それぞれの責任において将来を見通し行動しているが、政府が行おうとしている政策がどのようなものであるかを知り、それを折り込んで行動することは、円滑な経済活動に資するものである。特に、企業の行う設備投資は、社会に与える影響も大きく、かつ、長期的な展望のもとに実施されるものである。政府が望ましいと考えている方向性との調整は、社会全体からも要請されると考えられる。

第二に、実現可能な望ましい姿を描き出す過程で、政府各部門の施策が、総合化、体系化されることである。政府内部は、実務的、技術的な観点から様々な行政分野が存在しており、それぞれの専門化も進んでいるが、経済計画が提示する政策体系のもとに各施策が洗い出され、総合化されることは、それぞれの施策の効果的な運営にも役立つものである。

第三に、景気循環に対処するための運営の指針を得ることである。自由主義市場経済のもとでは、主に設備投資の変動によって景気循環が発生するが、各年度の財政運営の中で、補正予算の編成も含めて景気対策の判断を行うためには、その時代の基調としての経済成長率の大きさを知らなくてはならない。経済計画で見通された経済成長率を大きく外れ、現実の経済成長率が低くなれば、緊急に経済対策を発動せねばならない。中長期の経済計画は、同時に、短期的な経済運営の指針ともなるのである。

(9)「経済社会発展計画」(一九六七年三月一三日閣議決定)の第一部総説第一章「計画の性格」では、この計画で示された経済成長率、国際収支、物価などの数値は、世界貿易や人口の動きなど、日本経済の環境についての予測と、政府のとるべき政策とを勘案しながら、計画期間における望ましく、かつ実現可能な経済発展の大まかな姿を示すものである、とされている。

2　社会資本と経済計画

政治の時代から経済の時代へギアチェンジ

戦後の主要な経済計画とその変遷を通じて、日本における経済思想の展開をみることができる。

池田内閣の国民所得倍増計画は、戦後三番目の経済計画ではあるが、経済計画として世間に最初に注目されたものといって良いであろう。

池田内閣に先行する岸信介内閣は、日米安全保障条約改定交渉を進め、一九六〇（昭和三五）年一月にこれを調印し、五月に国会で強行採決を行い、その後、総辞職した。新たに内閣を組織した池田首相は、アメリカ的な世界秩序の中で、外需を巧みに取り込みつつ、国内労働力の増加を活かしていくことで、高い経済成長を実現していく政策を構想した。同年一一月の総選挙、内閣改造、そして、国民所得倍増計画の発表を通じて、池田内閣は、政治の時代から経済の時代へと、社会全体のムードを一変させることに成功した。

国民所得倍増計画と太平洋ベルト地帯構想

国民所得倍増計画には三つの柱があった。第一に、民間設備に比べ立ち後れた社会資本を充実させ、成長の隘路（ボトルネック）を解消し、経済の持つ潜在的な成長力を引き出すこと、第二に、社会資本の整備にあたって長期的、計画的な視点から取り組み、社会資本の量的拡大と同時に、その効率的な充実を目指すこと、第三に、人的能力の向上と科学技術の振興によって労働生産性を高め、経済成長の源泉としていくこと、である。

このように、国民所得倍増計画は、自由主義市場経済の国にあって、政府の長期的、計画的な対応によって経済の成長力をより引き出していくという、開発主義的な色彩を持つものであった。特に、地域産業構造の高度化を進めていくため、社会資本の集中的投下をねらった「太平洋ベルト地域」の構想が、計画の中に盛り込まれた。

難しかった社会資本の重点的、効率的整備　経済計画の策定当局は、総花的なミニ開発を避け、重点的で効率的な社会資本の整備を重視していた。国際競争力が弱く、景気拡大が持続すると輸入が拡大し、外貨準備が不足する日本経済にあっては、少ない社会資本の量によって、できるだけ大きな成果を上げる必要があったのである。太平洋ベルト地帯構想とは、太平洋岸の臨海工業地域を中心に、日本の工業生産力を飛躍的に高めることを狙ったものであり、四大既成工業地帯（東京、名古屋、大阪、北九州）を中核に経済発展を図るため、その中間地域に工業地域を形成して、既成工業地帯とバランスを保ちながら生産力を向上させ、太平洋沿岸に帯状の工業地帯を形成しようとするものであった。

しかし、この構想には、太平洋岸の臨海工業地帯以外の地域から強い不満が上がり、国民所得倍増計画の閣議決定にあたっては、後進性の強い地域の開発促進と所得格差是正のため、速やかに「全国総合開発計画」を策定することなどの要請を含んだ但し書きが付された。これに伴って、日本の国土計画は「全国総合開発計画」として整備されていくこととなるが、社会資本の重点的、効率的整備は、その後も成功したとはいえない(10)。国民所得倍増計画の開発主義は、人的能力の開発という点では成功を収めたが、社会資本の整備という点では多くの課題を残した。それは、日本における計画主義・開発主義が攻撃される場合の最大の弱点となっていった。

る。

3　資源配分と経済計画

混合経済体制の運営　自由主義市場経済の社会体制のもとでは、市場での自由な取引によって形成される市場価格とその調整のメカニズムを通じて、各種の資源配分が円滑に行われることが重視されている。

一方、現に生じている所得格差や地域格差を是正するため、相当程度、国家が介入する場合もありうる。一般に、資源配分は、市場に任せる場合と政府が直接行う場合との双方があり、政府機能に頼らず、市場だけで資源配分を行うというケースは、現代国家では考えにくい。この二つの資源配分原理が併存している社会体制を混合経済体制と呼ぶ。先にみた、国民所得倍増計画は、国家の積極的な政策介入を通じて、潜在的にもっている経済の力を引き出そうとするもので、経済成長率を高める混合経済体制の一つの運用パターンであると考えられる。

国民所得倍増計画の後に迎えた昭和四〇年代（一九六五～七四年）には、四つの経済計画が策定された。「中期経済計画」（一九六五年）、「経済社会発展計画」（一九六七年）、「新経済社会発展計画」（一九七〇年）は佐藤内閣が策定したものであり、「経済社会基本計画」（一九七三年）は田中内閣が策定したものである。市場の資源配分機能を重視する度合いに応じて、混合経済体制の運用パターンは分かれてくると考えられるが、佐藤内閣の計画は市場への信認が厚く、一方、田中内閣の計画は政府の対応を通じた公正な社会形成を重視したものであった。混合経済体制の運営について、対極的なメッセージを発した経済計画の例であると言えるだろう。

市場メカニズムへの信認が厚かった佐藤内閣の経済計画　佐藤内閣の三つ目の経済計画である「新経済社会発展計画」では、国際的な視野にたって経済の効率化を推進しなくてはならないとの認識が示され、①政府と民間の役割を明確にし、民間部門については原則として競争原理を尊重し、政府の保護を最小限にとどめること、②政府は民間の自由な競争が公正に行われるための環境を整備すること、③これまで国際収支の制約が大きかった時代に始まった各種の保護的措置を緩和、撤廃すること、とされた。

また、経済効率化を促進する観点から「労働力の流動化」を進めなければならないともされた。これは、日本企業にみられる、いわゆる「終身雇用」は労働力を企業の中に抱え込み、適切な労働力配置を行うことができず、効率的な資源配分が行えないという認識に基づいている。労働力配置においても、市場メカニズムを活用するため、終身雇用を改め、「労働力の流動化」を図るべきだとの認識が示されたのである。

このように、新経済社会発展計画は、それに先行する経済計画と比べても、市場メカニズムへの信認が厚い経済計画である。日本は、昭和三〇年代後半、ＩＭＦ・ＧＡＴＴ体制に本格的に移行し、自由貿易主義の恩恵に浴するだけでなく、その体制を維持、発展させるメンバーであるとの自覚を高めたことで、この計画にみられる自由主義市場経済の理念的な面を強調するようになったものと考えられる。

（10）全国総合開発計画（一九六二年一〇月五日閣議決定）は、開発効果の高い地域を選んで開発する「拠点開発方式」を採用することとした。これに基づき、新産業建設都市建設促進法によって、一五の新産業都市地区が指定された。しかし、その後、議員立法によって工業整備特別地域整備法が制定され、六の工業整備特別地区が追加指定された。このように社会資本の重点化のための箇所付けやその絞り込みは困難を極めた。全国総合開発計画は、この第一次計画から数えて、第五次計画まで策定されたが、社会資本整備の箇所付けなど、具体的な運用方法は常に問題とされ続けた。

さらに昭和四〇年代は、アメリカとの間で激しい貿易摩擦が生じており、市場メカニズムを強調した経済計画の背景にアメリカからの市場開放要求があったことも指摘しなくてはならない。アメリカは、市場開放のために経済学の論理を用い、自由な市場競争が市場参加者全体の利益にかなうと主張する傾向がある。さらに、競争が公正でないと主張する際には、日本型雇用システムを取り上げる場合も少なくない。日本の「終身雇用」は、雇用安定機能と人材育成機能を備えた長期安定的な雇用システムであり、長期的な視点からの人員配置と人事評価を行うことができ、人材育成にも高い効果を上げている。しかし、この仕組みは、労働移動による市場メカニズムを活かしておらず、雇用システムとして不適切だというのが、アメリカ側の持ち続けたイメージだったのである。

政府による公正な資源配分を目指した「経済社会基本計画」　日本経済は、佐藤内閣の時代、長期の経済拡張である「いざなぎ景気」の中にあり、高度経済成長の絶頂期にあった。しかし、この中で、単なる経済規模の拡大や市場メカニズムの発動だけでは解決し得ない、社会の新しい課題が生まれていた。

経済の成長に伴って、経済の部門ごとの跛行性が目立ち、低生産性部門と高生産性部門の併存、資本装備の近代化が進んだ部門とそうでない部門の併存などが際だってきた。経済成長の成果を多くの人々が等しく享受することができるよう、こうした格差の解消が課題となるとともに、経済の部門ごとの跛行性がボトルネックとなって、消費者物価の強い上昇傾向を引き起こしているとの認識も深まってきた。国民所得倍増計画では、政府が積極的に経済に働きかけ、ボトルネックの解消に努めることが、潜在的な成長力を現実に引き出すことになるという見方を示していたが、経済成長を実現し、高い所得水準を実現した後にも、政府がもつ積極的な役割というものが次第に理解されるようになってきたのである。

佐藤内閣の後継であった田中内閣は、「経済社会基本計画」を策定したが、そこでは、これまでの狭義の経済効率を追求しながら、公害の防除、自然環境の保全、無秩序な大都市集中の防止などの社会的な対応を行い、その上で、広義の経済効率も追求すべきものとされた。また、社会的公正の尊重を掲げ、所得分配の公平化、住宅・土地問題の解決、教育・雇用等の機会の均等化を進め、生命を尊重し、健康・安全を確保することが必要であるとされた。

政府は、これらの対応を進めるため、市場メカニズムだけではない、新たな資源配分システムを整備しなくてはならなかった。経済社会基本計画は、政府の果たすべき新しい役割を次の三点に整理した。

第一に、政府は、経済社会の将来ビジョンを明らかにするとともに、民間の経済社会活動の新しいルール、特に、土地・水・大気等の社会的資源の利用や公害防除に関する基準を含む一般的ルールを明確にし、その実効を期する。

第二に、増大が予想される公共的に供給すべき財・サービスの範囲を明確にし、それらを公正かつ効率的に供給管理する方式を確立する。また、あわせて国民の意識の変化に対応してそれを効果的にくみ上げうる体制を整備する。

第三に、人々の自由な意思の発揮が最大限に可能となるように、人間の知的活動に対する投資を拡大し、科学技術・教育・文化などに対する資源配分を思い切って増大させる必要がある。

4　完全雇用と経済計画

世界経済の動揺に対し着実に対処した経済計画

昭和四〇年代後半（一九七〇年代前半）の日本経済は、インフレーションの傾向を強めていたが、第一次石油危機の発生による原油供給の抑制と原油価格の高騰は、消費者の不安心理を高め、「狂乱物価」と呼ばれる消費者物価の高騰を招いた。こうした異常な物価上昇を収束させるため、政府は強力な引き締め政策を実施し、これに伴い物価上昇は沈静化に向かい始めた。昭和五〇年代前半（一九七〇年代後半）の経済は、こうした状況のもとで物価安定をにらみつつ景気刺激策をとるという難しい政策課題に直面していた。

三木内閣の「昭和五〇年代前期経済計画——安定した社会を目指して」（一九七六年五月閣議決定）では、適切な総需要の管理により、適正な成長と安定した経済を維持し、物価の安定と完全雇用の確保を図るとされた。

特に、高度経済成長から安定成長へと移行するにあたって、雇用政策が重視された。計画では、「高度成長から長期の安定成長経路への移行期において、成長率の低下に伴って雇用問題の重要性が増大する。企業が雇用過剰感を抱えていることを考慮すると、労働力需要の伸びはかなり鈍化し、需要構造の変化に伴う雇用調整等も問題になる。適正な成長の維持によって労働力需給の均衡を回復する。経済の変動に対しては失業の予防を重点に雇用の安定を図る。また、産業構造の変化に対しては職業転換を推進するなど労働力需給の各種不均衡を是正することを基本に、積極的に雇用政策を展開し、適切な需要管理政策とあいまって完全雇用の確保を図る」とされた。

日本型雇用システムの基本的な姿　日本企業にみられる雇用慣行に、終身雇用、年功序列型賃金制度、企業別労働組合があり、一般に、これらを合わせて日本的雇用慣行と呼ばれている。こうした慣行は、第一次世界大戦後の工業化過程で成立し、新規学卒者を採用し、系統的な配置転換や職場内訓練（ＯＪＴ）を通じて内部養成することで技能労働者を確保することに利点があった。また、その処遇が企業内のものであることから、年功序列型賃金制度と企業別労働組合の広がりにつながったものである。

このような長期雇用慣行は、第二次世界大戦後も日本の労使関係における主要な慣行として維持され定着してきた。一方、戦後日本の雇用政策が、日本的雇用慣行に接合される形で運営されるのか、また反対に、この慣行を改め、労働力配分の市場調節機能を重視するものとされるのかは、必ずしも明らかではなかった。しかし、昭和五〇年代前期経済計画に明示されたように、失業の予防に重点が置かれ、雇用維持や産業構造調整施策の充実が進んだことから、政府・労使の総合的な雇用システム運用の方針が定まり、日本型雇用システムの基本形が成立した。

日本型雇用システムの基本的な姿は、次のようにまとめることができる。

第一に、完全雇用と失業の予防が雇用政策の基本として確認されたため、企業は、景気変動に応じて労働力の調達、排出を短期的に行うのではなく、長期的な視点をもって人材の採用、育成、配置、評価を行う傾向を強めた。

第二に、景気の落ち込みによって、労働力の排出などの雇用調整を行う場合でも、企業は公共職業安定所と連携し、再就職支援や他企業への出向を含めた労働力再配置に取り組むとともに、国は、産業構造の変化に対応した職業能力形成支援を行うなど、産業構造転換に向けた政策対応を実施した。

第三に、労使間では、完全雇用や失業の予防を前提に、労使コミュニケーションを充実させ、国民経済や個別の企業経営に応じた節度のある労働組合運動と賃金交渉が実施された。このことが、石油危機以降の物価上昇の抑制と日本経済のパフォーマンスの急速な回復につながった。また、賃金交渉は労使による賃金制度設計に広がっていき、多くの企業は、企業内での職業能力評価を改善していくという視点から職能資格制度の導入を進め、能力評価を基本としながら結果として年功賃金カーブを観察することのできる年功型賃金構造へと転換していった。

5　構造改革と経済計画

財政赤字の拡大と財政負担軽減志向の強まり

完全雇用を経済運営の基本とし、政府の主体的な対応を通じて安定した経済社会を構築していこうとする政策的な価値観は、大平正芳内閣の「新経済社会七ヵ年計画」（一九七九年）でも継承された。しかし、これらの過程を通じて、財政赤字が拡大したことから、財政当局に財政負担の軽減を志向する傾向を生じさせた。

中曽根康弘内閣の「一九八〇年代経済社会の展望と指針」（一九八三年）は、財政再建、行政簡素化、民間活力重視を打ち出すため、経済計画として社会理念を提示するこだわりを捨て、表題から「計画」を落とし、あえて「展望と指針」を名称とした。民間活力の重視など、市場メカニズムを重視する価値観は、財政負担を軽減したいと考えた財政当局の意向を反映したものであったと考えられる。

グローバリズムと市場メカニズムの重視

その後、「世界とともに生きる日本――経済運営五ヵ年計画」

（一九八八年）、「生活大国五か年計画――地球社会との共存をめざして」（一九九二年）などでも、市場メカニズム重視が継承され、「市場アクセスの改善」、「規制緩和」などの対応が盛り込まれた。その背景には、アメリカとの経済摩擦を意識して、日本市場に参入しにくいという批判をかわす目的もあったと考えられる。

こうして高まってきた市場メカニズム重視の価値観が、一つの経済運営思想として完成された姿を示したのが、「構造改革のための経済社会計画」（一九九五年）であった。それは端的に、次のように表現された。[11] ここに現代の構造改革の経済思想が成立した。

市場メカニズムの発揮、規制緩和の推進

自由で活力ある経済社会の創造に大胆に取り組むことが急務。真の活力をもたらすには、自己責任の下、自由な個人・企業の創造力が十分に発揮できるようにすることが重要である。このため、市場メカニズムが十分働くよう、規制緩和や競争阻害的な商慣行の是正を進め、個人、企業の自由な活動を確保する環境整備を図る。規制緩和等を通じ内外に開かれた経済社会を形成していくことは、我が国の経済活性化のみならず、グローバルな視点での適切な国際分業体制の構築にも資する。

自己責任原則の確立

国民、企業、政府間の適切な役割分担による、自立のための効率的な社会的支援システムの構築。

（11）「構造改革のための経済社会計画」（一九九五年一二月一日閣議決定）から適宜抜粋。

一人一人の個性が尊重され、自立した個人が自己責任の下に多様な選択を行い、多様な役割を持って参加できるような公正な機会が保障された社会を目指すことが重要である。このような自立した個人や企業の自由な活動は、経済社会の活性化にもつながる。

内外に開かれた経済社会の実現

内外に開かれた経済社会を目指し、制度・仕組みの国際的調和や国際的なルール作りに積極的に取り組んでいく必要がある。これは、我が国企業がグローバルな市場で自由に活動することを通じ、我が国経済の活性化をもたらすのみならず、適切な国際分業を通じ、調和ある対外経済関係の達成にも資するものと考えられる。

第3節　戦後経済思想の変遷

1　経済自立と国際関係

経済思想と経済政策の転換の局面　戦後日本の経済運営を観察すると、政策転換を印象づける局面が幾たびかみられる。その大きなものは、まず、第一に、統制経済に頼った戦後復興がドッジ・ラインによって転換した局面、第二に、国民所得倍増計画によって安保改定から経済成長へと社会情勢が転換した局面、第三に、高度経済成長後の世界的な経済動揺を背景に、国家的対応の樹立に向け転換した局面、そして、第四に、バブル崩壊後の経済活性化策として市場メカニズムを発揮させる構造改革へと転換した局面、である。

これらの局面展開は、市場の資源配分機能を重視するか、政府による直接的な対応を重視するか、という方針の転換から生じてきたものといえる。また、日本では、この政策転換に、アメリカとの外交関係が強くからんでいるのである。

吉田首相の経済思想　ドッジラインによって政策転換を実現し、その延長線上に日本の独立を勝ち得た吉田首相は、自由貿易体制に参加し、貿易を通じた市場競争によって日本の生産力を高めるという方向性を重視した。その考え方は、その人自身によって次のように記されている(12)。

一九四八（昭和二三）年の秋に第二回の内閣を組織した当時は、いかにしてインフレーションをおさえるかということ、換言すれば、物価と賃金の悪循環を断ち切り、経済の安定と再建とをいかにして進めていくか、ということが最大の関心となった。ところが、いろいろな意見や考え方が、党内外の人を通じて私の耳に入ってきたなかに、その当時はまだ商品によってまちまちだった為替レートの一本化を目標として、国内物価の調整安定と企業の合理化を図りながら、国際経済への結びつきを考えていかねばならぬというような話があった。経済上の細かい理論はともかくとして、この経済を国際的な結びつきでみなければいけないということは、多年海外生活をし、国際関係に慣れてきたゆえもあってか、私にも直感的にわかった。

敗戦で領土は失う、蓄積は尽きる、しかも人口はどんどんふえていくという日本の経済が、自分

(12)　吉田茂『日本を決定した百年』（一九六七年、日本経済新聞社）、第四章「奇跡の経済発展」より。

だけのワクの中でいかにがんばってみても、その効果には限度がある。一刻も早く国際経済のなかに復帰しなければならない。思い切って国際経済の風に日本の経済を当てなくては、ほんとうに立ち直れないのではないか。それは苦しいかもしれないが、しかし、それをやらなければいつまでたっても陽の目は見えない。経済学者や党のなかにも、そういう考え方をする人びとがあった。

そのためには、統制だとか、助成だとかによって経済を操作しようという考え方も捨て、日本経済を自立させる方向にもっていくことが必要であり、それまでの総司令部のニュー・ディーラーたちがとってきた方針を改める必要があった。

2　開発主義と貿易主義の相剋

混合経済体制の中での政策論争

吉田首相の経済思想は、戦後復興期にあって、日本の早期の独立を後押しする外交戦略として結実した。しかし、それは、あくまで独立に向けた考え方のようなものであり、首相自らも、時代状況に応じて考え方を変えていくべきことを十分にわきまえていたと推察される。独立国家となった日本の政府には、その経済的な実力、あるいは、現実的な経済課題に即応し、経済運営を行っていくことが要請された。経済政策の論戦は、吉田首相の独立時の考え方を引いた「貿易主義」とその対極にある「開発主義」を座標軸に展開していった。

戦後日本の経済体制は、市場メカニズムと政府による資源配分機能の双方を活かす混合経済体制である。この体制の中での政策の論戦は、必然的に、市場メカニズム重視か政府による資源配分機能重視かによって立場が分かれてくる。「貿易主義」とは、自由貿易の中で市場メカニズムを働かせ、市場競争によって経済活動・企業活動の活発化を目指す経済思想であり、「開発主義」とは、政府の長期的・計画的な産業政策の展開により経済発展を生み出そうとする経済思想であった。混合経済体制の中で、この二つの思想に導かれながら高度経済成長期の経済運営が議論されてきたことは、日本の政策論議の活力の源泉であったと言われている。その姿は、城山三郎の経済小説の一節に次のように描かれた(13)。

通産大臣は、墨をたっぷりふくんだ太い筆をとった。いま新しい檜の一枚板の上を、筆が勢いよく走った。「通商」の二文字が骨太におどり出た。そこで筆に墨をふくませて一服。少し反るようにしてその二文字を眺めた。

局長たちは、いぜんとして静まり返っていた。というよりは、いっそうはりつめた顔になっていた。

厚い背を屈めると、ふたたび、一気に筆を走らせた。「産業省」の三文字。局長たちの中から、あっという声が漏れた。

「どうかしたのか」

「いえ…」

秘書官が口ごもっていると、すかさず、局長のひとりが「立派な字でございますね」。他の局長たちも、気を取り直したように筆跡をほめはじめた。

(13) 城山三郎『官僚たちの夏』(一九七五年、新潮文庫)より適宜抜粋。

通産省は、商工省―軍需省の後身であるが、戦後は、外務省からの出向者も迎え、貿易庁系統の流れが加わった。こうした人脈を別にしても、国内産業の保護育成を優先するか、それとも、通商貿易中心に考えるかで、考え方に微妙な差が出てくる。重工業局など原局筋が前者、つまり「産業派」「民族派」であるのに対し、通商局・貿易振興局系統は、「通商派」「国際派」と目される。政策論的な対立であり、それはそれで通産省の活気の源のひとつとなっているのだが、同時に、看板の文字の大きさにまで気にするムードでもあった。

3　構造改革論の席巻

戦後経済運営の論戦軸の崩壊　戦後経済運営の思想は、国の独立を目指した吉田首相によって、貿易主義が唱えられたところから始まった。昭和三〇年代の半ば（一九六〇年頃）には、池田首相が国民所得倍増計画によって開発主義の政策体系を打ち出した。そして、昭和四〇年代（一九六五～七四年）には、アメリカとの外交関係や日本社会それ自体の変化を踏まえながら、貿易主義と開発主義がせめぎ合った。

政策論争の座標軸が崩れ始めたのは、昭和五〇年代半ば（一九八〇年頃）の財政再建路線の強まりからである。本来、国家財政は、国民経済の発展や社会の安定のために運用されるべきであるが、累積的な財政赤字が積み上がり、財政収支の均衡を目的とした財政再建路線が強まっていったことは、民間活力に過度に期待をかける社会風潮を蔓延させた。

さらに、時を同じくして、経済理論の世界でも大きな変革が生じていた。自由主義市場経済の欠陥として、所得格差の拡大と非自発的な失業を指摘し、政府の資源配分機能を経済運営に積極的に活用していくべきことを主張した経済学派グループの影響力がとみに低下を示したのである。この学派の思想的、理論的中枢はイギリスで活躍したJ・M・ケインズ(14)であるが、経済学に対するケインズの影響力が明らかな低下を示し始めた。

ケインズの主張は、一九二九年の世界大恐慌や第二次世界大戦などの国際的な危機を通じて、経済学に影響を及ぼしてきたが、一九六〇年代に西側諸国がアメリカを中心とした自由貿易体制によって繁栄したことによって、市場調整メカニズムへの信頼感が着実に高まり、ケインズの主張は相対的に後退した。そして、一九七〇年代に物価上昇と失業率上昇が同時進行すると、そのような事態を招いたのはケインズの主張に導かれた政府機能の拡張が原因であるとの批判が強まり、市場調整メカニズムを重視する経済学者グループである新古典派経済学(15)の勢力が拡大した。戦後の政府機能の拡大を「肥大化」であったととらえる傾向は、日本ばかりでなく世界的にみられた。

経済学と経済政策には密接な関係がある。経済政策は、現実経済の「診断」に基づく「処方」であるが、複雑な経済活動を対象に膨大な経済統計を用いながら診断する行為には、その統計指標間の関係を

---

(14) J・M・ケインズ（一八八三〜一九四六年）。『雇用・利子および貨幣の一般理論』（一九三六年）において有効需要の原理、乗数理論、流動性選好説などの新たな分析装置を作り出し、自由主義市場経済の欠陥を指摘した。非自発的失業の克服など、完全雇用達成に向けた政策を提言し、混合経済体制の理論的根拠を提示した。

(15) イギリス古典派経済学の伝統を受け継ぎながら学説を展開した経済学派で、効用価値説や限界分析などに基づき市場調整メカニズムの解明を主題としている。アダム・スミス（一七二三〜九〇年）に代表される古典派経済学を継承し自由主義市場経済への信認が厚く、ケインズの経済学に対する対抗軸を形成している。

仮説として予め規定する「理論」が必要となる。そして、その理論の性格が、ケインズのものと新古典派のものでは大きく異なっている。新古典派経済学が大きな勢力を築くに従い、その影響は着実に日本にも及び、「貿易主義」と「開発主義」の論戦軸は消滅した。政策現場では、数理的な緻密さをこらした新古典派経済学が市場調整メカニズムの信頼感をアピールし、財政スリム化を志向する財政当局もそうした経済学の動向を歓迎した。

グローバリズムと構造改革　経済政策検討における事態が、もう一段の深刻化を見せたのは、冷戦構造の終結とグローバリズムの強まりである。一九九一年、ソビエト連邦が崩壊し、冷戦構造が終結したことは、アメリカ合衆国と自由主義市場経済の勝利であると、多くの人々に受け取られた。新古典派経済学の影響力はますます強まり、その影響下にあるエコノミストは、様々な国際機関において、自信をもって新古典派の経済政策を描き各国に提案した。自由主義市場経済に対峙する社会体制が崩壊した世界にあって、経済運営の原理は一つであり、全地球規模での経済原理の統一があるかのような錯覚が生じた。このような事態がグローバリズムであり、そこで共通に語られた政策構想が市場メカニズムを活用するための「構造改革」だったのである。

なお、構造改革については、第Ⅰ部第3章「構造改革と日本社会」において詳述する。

第2章　変化する日本社会

戦後日本社会は急速な工業化と高度な経済成長を実現した。また、外交政策の貢献も大きく、世界経済拡張による利益を意識的に、かつ、巧妙に取り込むという戦略的な対応にも成功した。しかし、高度経済成長はその前提を掘り崩しながら進行した。日本の製造業が輸出産業として実力をつけていくことはアメリカとの厳しい貿易摩擦を引き起こし、アメリカ経済の相対的な後退、貿易収支の赤字拡大、さらにはドル危機へとつながることによって、世界経済体制を大きく揺るがすこととなった。

高度成長からの軌道修正が必要となり、その過程で、インフレーションと雇用問題に対処する必要もあった。この困難に対し、日本の政労使は果敢に取り組み、一九七〇年代には、雇用、賃金、物価の安定を実現することのできる雇用システムの創出に成功した。それは、日本社会に伝統的に存在してきた雇用慣行に生産、分配、支出を円滑に進める国民経済の政策を合理的に組み合わせた「日本型雇用システム」の構築であり、労使の取組とともに政府は解雇抑制的雇用政策を展開した。

このように日本型雇用システムは日本社会の発展に大きく寄与したが、その後の社会変化の中に日本人は立ち止まることを許されなかった。

現代日本社会が直面している変化として、まず、ポスト工業化がある。工業化の時代にはエネルギーや資源などが戦略物資として重要だったが、現代社会においては情報や知識の果たす役割が高まり、コンピュータ技術など情報通信技術の革新によって「情報化」という社会変化の潮流が生まれている。また、情報化の進展は、経済活動の国際的な緊密化を後押ししている。コンピュータのネットワーク技術が進化したこともあって、経済活動は易々と国境を超え「ボーダレス」なものとなった。さらに、冷戦構造の終結が全地球規模での市場競争化を促す「グローバル化」の傾向を生み出している。

情報通信機器が大衆化し個人がより多くの情報に接するとともに、企業間競争が世界的なものへと拡大すると、大勢が市場に参加することで均衡が導かれると主張する、新古典派経済学の社会認識に魅力を感じる人が増え出した。また、これに応じて、日本型雇用システムに対し批判的な勢力も増強された。そして、一九九〇年代の半ばになると、国際的な検討において日本型雇用システムの解体さえ提言されるようになり、解雇抑制的雇用政策を改め、労働力を排出、調達することのできる労働市場を創出、拡大、整備すべきだという構造改革が主張された。

この第2章では、日本社会の変化を、「情報化・サービス化」、「グローバル化」、「人口減少・少子高齢化」という三つの側面から改めて考察し、日本型雇用システムを批判する構造改革論の基底を検討する。まず、第1節「高度情報化と社会の展望」では、ポスト工業社会論や「基礎情報学」をもとに将来を予測しつつ現代的事態を考察する。次に第2節「国際関係の変化とグローバル化」では国際関係の変化を踏まえながら「グローバリズム」という世界認識の問題性を指摘する。そして、第3節「人口減少と日本社会」では、人口減少、少子高齢化の進行が日本経済に与える影響を考察しながら、安定した生産、分配、支出の経済循環を実現していくために求められる対応を整理する。そして、これらの検討をもとに、日本の雇用システムを発展させていくための真の課題を考える。

第1節　高度情報化と社会の展望

1　「ポスト工業化」の社会予測

経済の情報化、サービス化　高度経済成長期には、石炭から石油へのエネルギーの転換がおこり、重化学工業の飛躍的な発展がみられた。一方、石油危機以降の産業動向としては、マイクロ・エレクトロニクス（ＭＥ）技術の急速な進歩があった。規格品の大量生産から多品種少量生産のための柔軟性のある生産システムが求められ、ＮＣ工作機械、産業用ロボットに代表されるＭＥ技術の工場への導入（ＦＡ化）が急速に進んだ。

こうした情報技術（ＩＴ）の活用は、生産部門だけではなく間接部門でも進展し、ワードプロセッサ、パーソナルコンピュータ（パソコン）等の導入が、生産部門の情報化にやや遅れて一九八〇年代以降に進展した。さらに、一九九〇年代にはパソコンが間接部門における主要な操作端末となり、その相互のネットワーク化が進むとともに、社会全体としてもパソコンや携帯電話を端末とした情報ネットワーク化が飛躍的に進展した。

こうした情報通信技術の革新によってもたらされた経済の変化は、経済の情報化、サービス化と呼ばれている。国内総生産（GDP）に占める第三次産業の構成比が高まり、職業構造をみても、ホワイトカラー化が進むことになった。

ダニエル・ベルが描き出したポスト工業社会　工業化が進んだ先進工業国の経済変化としては、情報化、サービス化の動きが共通にみられる。その変化の先に、どのような社会が展望されるのかということに多くの人々が関心を寄せた。

そのような未来社会をいち早く「脱工業社会」と名付け社会予測を行った論者にアメリカのダニエル・ベルがいる。その主張は次のようにまとめることができる(1)。

前工業社会の構図は「自然に対するゲーム」である。その資源は採取的生産業から引き出され、収穫逓減、低生産性の法則に制約される。工業社会の構図は「つくられた自然に対するゲーム」であり、それは人間と機械の関係を中心とし、自然環境を技術的環境に変えるためエネルギーを使用する。脱工業社会の構図は「人間相互間のゲーム」であり、そこでは情報に基づいた「知的技術」が機械技術と相並んで登場する（第一章「工業社会から脱工業社会へ」より）。

脱工業社会はサービスに基礎を置いている。したがって、それは人と人とのゲームである。重要なのは、生身の筋力でもエネルギーでもなく、情報である。

もし工業社会が、生活水準の基準として、財貨の量によって定義されるものであるとすれば、脱工業社会は、今やあらゆる人々にとって望ましく、可能であるとみられているサービスと楽しみ—

保健、教育、レクリエーション、芸術―を尺度とする生活の質によって定義される。より多くのサービスが要求され、よりよい保健と教育だけでなく、相当に整った環境に対する人々の必要を満たすのに、政府の力は強くならざるをえない。脱工業社会は、社会の単位が個人であるよりはむしろ共同体であるような「共同」社会である（第二章「財からサービスへ」より）。

ベルは、工業社会はエネルギーによって、脱工業社会は情報によって特徴づけられると述べている。先進的な経済力をもつ国の社会は、物的資源やエネルギーによって生産活動の増大と効率化を目指す「工業社会」から、知識・情報を中心とする人間の関係や協調に社会の焦点が移行する「脱工業社会」に向かうと予測している。そして、脱工業社会では、都市計画、通勤輸送の合理化、オープン・スペースの維持、レクリエーション地域の拡大、大気汚染の根絶、河川の浄化、教育の費用負担、十分な医療組織などへの社会的な関心が高まり、これら社会的な問題に対し、専門的な知識や情報が動員され、結合され、それによって公共的計画の実現が図られるようになると予測しているのである。

また、情報が決定的に重要になる社会では価値をめぐる抗争が先鋭化し、政治学の根本問題が前面に躍り出ることになるとも予測している。工業社会では規格化された大量の商品が市場を通じて供給されることで飛躍的な成長が実現された。市場価値と市場調整メカニズムによって諸資源が配分され、財貨の量的な拡大が生活の向上であるととらえられた。しかし、脱工業社会になると、諸資源の配分を純粋

（1）ダニエル・ベル『脱工業社会の到来――社会予測の一つの試み』（一九七五年、ダイヤモンド社）より要約。

な市場調整メカニズムに任せる時代は過去のものとなる。脱工業社会では、生産された財を人間が購入するという関係に代えて、人間が情報を提供しサービスを行うという、人間と人間の関係が前面に躍り出るのである。生産された財の資源配分は、市場調整メカニズムの「神の見えざる手」によることができるかもしれないが、人間と人間の関係は、人間同士の可視的で現実的な力によって解決しなくてはならない。

ベルは、これからの社会が、人々の利害関係の調整という政治的調整、さらには政治的決定が強く求められる時代を迎えると予測した。財貨の量を競う工業社会から脱工業社会になると、人々は生活の質を重視し、その関心は社会的なものとならざるをえない。そして、社会的な合意を得るために、人々は様々な意見の違いを乗り越えていかなくてはならない。こうしたもとで政治の適切な対処がなければ、いたずらに社会的緊張を高めることとなろう。政策の企画、立案に経済学の果たす役割は大きいが、脱工業社会の経済学は、新古典派の市場経済学ではなく、人間同士の関係を読み解き、解きほぐす政治経済学へと脱皮しなくてはならない。これが脱工業社会論の論理的な帰結であった。

ポスト工業社会における労働の姿

「脱工業社会」という歴史認識に立った場合、すなわち、情報や知識が圧倒的な重要性を持つ時代に向かっているとした場合、労働は如何なるものとなるだろうか。

工業社会の労働とは、高度経済成長期に典型的に現れたものと考えられる。急速な工業化のもとで、都市型の大規模工業は、大量の労働力を必要とし、しかも、集団的、組織的な生産活動を効率的に行うために、時間に規律され粒がそろった労働を必要とした。

人間の労働は、工業社会が必要とした労働力へと編成されていったが、このことは、まさに、労働力が商品となるということであった。商品とは、規格化されることによって普遍性を持ち、大量に流通することとなった財である。供給者は、その財を市場に提供し、需要者は市場から調達する。こうして市場が形成され、商品の価格形成が行われる。高度経済成長期には、一人ひとりの人間の活動から労働力という側面を切り取り、商品として規格化することによって、それを大量に流通させ活用した。市場を通じた労働力配置機能が遺憾なく発揮され、農村の過剰労働力が都市工業へと移動、集中し、短期間で工業社会を確立することができた。この時代の労働政策は、労働市場政策でなくてはならず、大量の労働移動を円滑に実施し、しかも、その市場取引を通じて、労働者の安全や健康を維持、増進するという政策構造にならざるを得なかった。

ところが、工業社会から脱工業社会へと転換していくと、労働力の規格化は崩れていくと見込まれる。知識や情報は、それを操る人間の生き方と一体不可分なものであるからだ。一人ひとりの人間には、それぞれの生きざまがあり、その個性ある生き方をそれぞれの職業人生の中で実現していくことを欲するであろう。このように予測すると、市場で流通する労働力、あるいは交換可能な部品としての労働力という見方は修正される必要があり、労働市場論、ないし、労働経済学の妥当性は急速に失われると考えられる。もちろん、労働市場論の上に構築された労働政策も転換を求められるようになる。

一人ひとりの人間は、自らが交換可能な労働力であるとみられることを拒否するであろう。そうなれば市場モデルによって労働力を分析することは無意味となる。今後は、労働者が企業に雇用されるという現実に根ざしながら、雇用関係にみられる労使の力学関係を政治的に均衡させることが、労働政策の基本関心となっていくであろう。

2　高度情報通信技術の性格

高度情報通信技術と完全競争

ところで、今日、ダニエル・ベルのポスト工業社会論は過去のものとされ、現代的な実践の書としては、あまり注目されてはいない。現代社会をみると、高度情報通信技術は自由主義市場経済と結合し、新古典派の市場経済学に力を与えた。

自由主義市場経済とは、個々の経済主体が自由に経済活動を行い、価格をバロメータとした自由競争によって財貨の需要と供給が調整される経済である。この市場調整メカニズムが有効に発揮されたとき、社会の調和が実現されると予定されている。そして、市場調整メカニズムを有効に発揮するために、完全競争が必要なのであり、新古典派経済学はその条件を整備することを経済政策の目標としている。

完全競争とは、①単独では価格の決定に影響力をもちえないほど市場参加者が多いこと、②市場への参入が自由であること、③経済主体は取引条件について完全な情報をもつこと、などの要件を備えた競争的な経済状態を指す。進歩する情報通信技術は、一見すると、これらの要件を充実させるもののようにとらえられる。このため情報通信技術の革新は、自由主義市場経済の信認を高め、経済政策における新古典派の影響力の拡大に貢献した。

こうした展開は、ポスト工業社会論の社会予測からすれば極めて意外なものであった。

高度情報通信技術の性格

情報通信技術が現に社会をどのように規定しているのかについて、冷静に見極めることが求められている。

現代の情報通信技術は、主に三つの分野での技術革新に支えられている。第一に、「マルチメディア」の技術である。文字、音声、画像、動画などを統一的に処理し、複合的に提供する技術であり、当初はマルチメディアパソコンなどから始まったが、今日では、デジタルテレビなどが、マルチメディアの生活端末になる可能性がでてきている。

第二に、「ネットワーク」の技術である。時間や場所に関わりなく、居ながらにして情報のやりとりができる技術であり、携帯電話やインターネットなどのコンピュータ・ネットワークがこれに当たる。第三に、「データベース」の技術である。マルチメディアなどの大量の情報を蓄積し、迅速かつ効率的に処理する技術であり、コンピュータの検索機能などがこれに当たる。

これらの技術革新は、市場経済における完全競争の実現に貢献するものと期待されている。マルチメディアの普及によって、難しい操作をしなくても、文字、音声、画像、動画など様々な情報を容易に取り込むことが可能になり、マルチメディアを備えた端末の普及は、より多くの人々に様々な情報に接する機会を与えるようになる。また、ネットワークの拡張は、情報の発信や取得を容易にし、市場経済への参加という視点からは、このネットワークを活用し、より多くの人が市場に参加しやすくなると期待されている。現実にも情報の受発信は全世界的なものへと広がっており、データベースの拡張のもとで、人々はより多くの情報を効率的に利用できるものと考えられている。

情報通信技術の進展を後押しし、市場参入を妨げる各種規制を緩和、撤廃すれば、世界規模での経済活動を拡張させ、完全競争により近い状態が生み出され、自由主義市場経済の利点を最大限に活用することができる。こうした考え方が今日の経済活動の主導的な立場にある人々の通念になってきた。そして、その社会認識に立った技術革新が、さらにその社会認識を強化していくという相互循環的な動きも強まっている。

3　コンピュータの史的展開

技術基盤としてのコンピュータ

「マルチメディア」、「ネットワーク」、「データベース」という三つの技術分野に共通するのは、コンピュータによる「デジタル信号」の処理を基本としている、ということである。

情報の基礎となるデータは、「アナログ信号」によって表現されるものと、「デジタル信号」によって表現されるものの二種類ある。アナログ信号とは、物理量の連続的な変化が類比的に表現された信号であり、フィルム写真、レコード、映画などが、それに当たる。これらの信号では、写し取られた映像は、そのまま原イメージとして保存されている。一方、デジタル信号とは、0と1、ないしは、オンとオフのように離散的に表現された信号である。そして、今日では、文字、音声、画像、動画などの情報が、デジタル信号に置き換えられ、処理されている。

「マルチメディア」、「ネットワーク」、「データベース」の進展、拡張は、アナログ信号とデジタル信号の相互交換を高速で処理し、豊富な情報を、迅速かつ効率的に提供することによって支えられている。そして、このアナログ信号とデジタル信号を高速で相互交換し、デジタル信号を高速で計算処理しているのがコンピュータ（電子計算機）である。情報通信技術の技術基盤はコンピュータなのであり、コンピュータの高性能化、低廉化が高度情報化の推進力となるのである。

メインフレームからパーソナルコンピュータへ　高度情報通信社会を支える情報端末として、パーソナルコンピュータの普及が著しい。しかし、コンピュータの歴史をひもとくと、その開発に携わる人々の着想や努力がなければ今日の状況も生まれなかったことが分かる。パーソナルコンピュータとは、客観的な技術の姿なのではなく、その開発の歴史と開発者たちの思想によって編み出された一つの文明の形なのである。

パーソナルコンピュータがもつ技術の形と性格は、今日の情報化の進展方向を大きく規定していると言えるだろう。

コンピュータは、まず、汎用大型コンピュータ（メインフレーム）として誕生した。世界最初のコンピュータは、一九四六年、アメリカのペンシルベニア大学で設計されたＥＮＩＡＣ（Electronic Numerical Integrator and Calculator）であった。開発の目的は、アメリカ陸軍の大砲の弾道を計算する計算機として用いることにあった。コンピュータは軍事的な必要から多額の予算を投入して生まれたものであり、その後も、水素爆弾の開発のための核融合計算や、ベトナム戦争の作戦立案・遂行のためのオペレーションズ・リサーチに活用された。また、民間企業に普及し始めた頃は、組織的に利用され、研究目的に用いられる場合でも、研究者同士で使用時間を融通し合い共同で利用された。コンピュータとは極めて高価で権威的、権力的な機械だったのである。

やがて、だれもが活用しやすいコンピュータを開発することで、個人の知的能力を支援し、コンピュータを新しい社会発展の原動力にすることが、一九六〇年代のアメリカで構想された。「一般の人が普通に操作できる個人用コンピュータ」（パーソナルコンピュータ）という着想は、当時のアメリカの対抗文化を体現していた。実際、そうした対抗文化の価値観を共有する人々がパーソナルコンピュータの技術的開発を担うアメリカの人脈群となった(2)。

集中型システムから分散型システムへ　一方、ネットワーク技術としてのインターネットは全世界を網羅する通信網へと成長してきたが、その技術的基盤はアメリカ国防総省高等研究計画局（ＡＲＰＡ）のネットワークを原型としている。それまでのネットワークは、中央に制御用のコンピュータを置き、そこを中心に形成されるものであったが、ＡＲＰＡのネットワークは、散在するサーバーを相互に接続し、情報の相互交換によって構築されるものであった。これは、ソビエトから核攻撃を受けた場合、たとえ中央の制御コンピュータが破壊されたとしても通信網全体の崩壊を避けうるという利点を持っていた。その後ＡＲＰＡは、中央集権的な制御コンピュータを持たない通信網を実験的に創り上げ、その研究に参加する大学や研究機関に接続していったが、次第に軍事用ネットワークから切り離した整備を行い、冷戦終結後はパーソナルコンピュータの技術的展開と融合し、大衆化するとともに、全世界的なインフラストラクチャーとして一気に拡大した。

このようにコンピュータ技術は、軍事目的による多額の予算投入によって技術開発が離陸し、大衆化していく過程をたどった。また、そこでは権力や権威に対する対抗文化が入り込んでいたことも忘れてはならない。コンピュータの進歩の社会文化史的な側面に注目すると、パーソナルコンピュータの誕生によって普通の人々の知的能力が支援、強化され、そのネットワーク化によって人々の主体的な社会参加を実現するという、アメリカ的な理想主義を共有する技術開発者たちの姿がみえてくる。

個人の能力や技術進歩に対するこうした信頼は、完全競争を理想とする新古典派経済学の社会観と容易に接合し、高度情報通信技術は、完全情報により近い社会環境を生み出すものとして期待された。高度情報化に向けた技術革新と完全競争を求める新古典派の経済政策とが一体的に理解され、融合化したのである。

高度情報通信技術の基底には、技術史的にも社会文化史的にもアメリカの理想主義が存在している。そしてその裏には、アメリカの軍事戦略による技術的成果があったことを指摘しておかなくてはならない。

4　基礎情報学とオートポイエティックシステム

基礎情報学による問題提起

新しい技術には常に期待が集まる。技術革新により社会は変革されていくが、そこに生じる社会の問題も、さらなる技術革新によって乗り越えられていくという見方がある。しかし、歴史を振り返れば、新技術によって生じた社会問題の克服は法律や制度の改変など社会的な改善努力によるところも大きかった。

（2）一九六八年、アラン・ケイ（一九四〇年〜）は、高価で権威的なメインフレームに対抗し、個人用のパーソナルコンピューータという概念を提唱した。

技術進歩の内容を正しく理解するとともに社会的に活用し制御していくという姿勢が求められる。技術の持つ社会的な影響力が大きければ大きいほど、その姿勢は重要である。情報通信技術の技術的性格を正しく理解し、かつ、その社会的影響を論じる学問分野の創造が期待される所以である。そして、このような自然科学と社会科学の垣根を取り払った学際的な学問分野として、今日、「基礎情報学」という取組がある。(3) そこでは、情報の伝達とコミュニケーションの意義が、次のように分析されている。

意味伝達のモデルは、基礎情報学の中核をなしている。従来の社会的コミュニケーション・モデルの中には、機械情報用のシャノン&ウェーバーのモデルを社会情報向けに拡張し、対話によるフィードバックなどを通じて意味の共有化がなされるというものが少なくない。そこでは人物間で意味内容があたかも小包のように伝達されるというオプティミズムさえも見られるのである。しかし、基礎情報学の立場は異なる。

そもそも生命体をオートポイエティック・システム(4)と見なす限り、システム同士のあいだでは、情報の意味内容がそっくり伝達されることなどありえない。ではいったい、ヒトの社会における「コミュニケーション」をいかにとらえるべきなのであろうか。

いま、二人の人物が会話を行っているとしよう。このとき、それぞれの心的システムは自律的であり、過去の記憶にしたがって再帰的に作動しているので、互いの音声から「刺激」は受けるものの、そこで同一の意味内容が共有されているという保証はない。しかし、もし二人が発した「記述」を素材として「コミュニケーション」が継続的・再帰的に発生し、「コミュニケーション」を構成素とする自律的な社会システムが維持されているとすれば、そこにある種の「意味伝達／意味共有」が行われていると見なすことができるであろう。仮に二人の心的システムのなかで当面の会話のテーマとはまったく無関係な思考が去来しているとしても、それらは社会システムのコミュニケーションの素材としては採用されない。そしてまさに、社会システムが継続的に作動しているという事実こそが、基礎情報学的には「二人のあいだで情報の意味が伝達／共有されている」ことに等しいのである。これが情報の意味伝達を支える「擬制のメカニズム」なのだ（第四章「総括と展望」、一「生命／社会／機械の情報学」より）。

オートポイエティック・システムによる人間と社会の理解　コミュニケーションとは、一般に、人と人とが情報を伝え合うことだととらえられているが、「基礎情報学」は、情報には小包のような実態はないと言っている。コミュニケーションを、人が小包のように情報を送り、情報を受け取る行為だと意識するのは、一種の擬制（フィクション）なのだという主張である。その意味するところは、人間も、生命体の一つとしてオートポイエティック・システムなのであり、人が情報を受け取るということは、送

（3）西垣通『基礎情報学――生命から社会へ』（二〇〇四年、NTT出版）。
（4）オートポイエーシス性とは自己創出性のことであり、生命システムと機械システムの違いを説明するために用いられる概念である。自動車やコンピュータなどの機械は、ヒトが設計し製作するもので「アロポイエティック（allopoietic）・システム」と呼ばれるが、これに対し生命システムは、外部の誰かによって設計製作されるものではなく、変容を繰り返しつつ自己複製する存在であり、過去の歴史にもとづいて自己言及的・閉鎖的に自らをつくり続ける存在である。このような再帰的に自己循環していく自律的システムを「オートポイエティック（autopoietic）・システム」と呼ぶ。

り手からある種の信号を受け取り、その刺激によって、一人ひとりが、それぞれに意味づけや価値づけを行うということである。一人ひとりは、経験も違えば、考えていることも違い、置かれている状況も違うことから、それぞれの意味内容の形成がまったく同じであるということはあり得ない。それにもかかわらず、決定的な社会の分裂を招くことなく、一応のコミュニケーションが成立するということは、意味内容の共有化を図ることができる、何らかの社会的な基盤が存在しているということになる。それが、その社会が持つ歴史性であったり、地域性であったりする。

新古典派経済学は、完全情報と完全競争による市場均衡を想定するが、すべて情報を公開したとしても、一人ひとりの市場参加者は決して同一の意味内容の理解に到達している訳ではないから、新古典派の想定するような調整メカニズムに絶対的な信認を与えるということはできない。しかも、人々が競争し合うという環境を無理にもつくり出そうとすることは、社会の共同性を失わせる危険を内包しており、一種のフィクションのもとに成立しているコミュニケーションそのものを崩壊させる可能性がある。共同性の喪失から生じるコミュニケーションギャップは、すでに現実のものであり、その悪化の傾向から、社会の統合性自体が崩壊する危険も高まっているように感じられる。

一人ひとりの価値創造活動と社会的価値の創造

新古典派経済学の社会認識とそれに導かれた政策によって、社会はその構成要素である個へと分解していき、人と人との関係は切り刻まれ、人は自らの価値を市場競争の中に見出さざるを得ないという、いびつな社会状況が出現した。情報通信技術の無批判的な応用は、ますますこの傾向を押し進めている。本来、人々が協力し、共同して価値を創造していく社会において、共通に認め合える価値が市場価値ばかりに収斂していったことによって、人々の生きがい、働きがいが奪われるという状況が生まれた。

日本社会に共同性を取り戻すための取組が求められる。また、その取組は、人々の活力に満ちた行動を通じて経済活動を活性化させ、日本社会に創造性を取り戻すものとして期待される。

現代人の活動を生命力に満ちたものにするためには、「情報」を正しく扱うことが必要であり、情報通信技術の革新を制御し、技術を社会の中に適切に位置づける努力が求められる。情報は、それが生命と大きく結びついているという点で重要なのである。基礎情報学は、情報とは生物が世界と関係することで立ち現れるとしている。人間に何らかの刺激を与える外界の信号が、人間にとって「情報」であると意識されるのは、それが、生きる上で意味があるものと感じられるからだ。情報とは、生物が生きる上で価値を有するものなのである。一人ひとりが、自らの生活の中に価値あるものを見つけ出し、その生を力強く全うすることが大切である。そのことによって、社会に多様性と創造性がもたらされる。また、社会的統合を失わないよう、社会的に共通に認め合うことができる価値を、人々の協力のもとに生み出していくことも重要である。

ダニエル・ベルとポスト工業社会論の今日的意義

新古典派経済学がいう市場価値ではなく、一人ひとりの生命活動に根ざした創造的な価値を追求し、共通に認め合える社会的価値を創造していかなくてはならない。今こそ、人々が共に認め合える価値を言葉の力によってつむぎだし、日々の生活や仕事の中に、生きがい、働きがいを取り戻さなくてはならないのである。そのためには、相手との関係をつかみ、正しい人間理解のもとに心に届くメッセージを創り出すという、ある種の政治的能力を一人ひとりが身につける必要がある。

これから迎えようとする時代は、明らかに市場経済学の時代ではない。新しい時代は、言葉に命を与え、その力によって人々が共同し、よりよい社会を設計する政治経済学の時代にならざるをえない。この意味において、改めて、ダニエル・ベルのポスト工業社会論は読み直されなくてはならない。ベルの立論は大筋において間違いないと思われる。

5　逆行する時代の流れ

細分化される専門分野とマスメディアへの依存

ダニエル・ベルの社会予測によれば、情報が社会の中で戦略的な役割を果たすポスト工業社会では、環境、健康、生活のアメニティ、交通システムなど、社会的な問題に対し、専門的な知識が動員され、結合され、それによって公共的な計画の実現が図られるものと見通されていた。ところが、一九九〇年代以降の情報通信技術の革新は、完全競争の社会空間を生み出すものと見なされ、新古典派経済学の価値観と結合し、様々な利害調整は自由主義市場経済における「神の見えざる手」に任される傾向を強めた。

ダニエル・ベルが歴史の歯車を前進させると考えたものは、「プロフェッショナル・クラス」（専門職階級）であった。この人々は、公共的な計画を企画、立案し、また、執行するにあたって主導的な役割を果たすが、単なる技術者集団というのではなく、社会的な問題を感受性をもって受けとめ、利己主義に優先する規範や倫理観を行動原理としていくだろうと考えられていた。学術、研究分野の著しい進歩により、確かに、現代社会では専門職、技術職が大量に生み出されはしたが、果たして、ダニエル・ベルの期待したような人間類型を生み出すことに成功したと言えるであろうか。「基礎情報学」では、高度情報通信技術による知識の利用、蓄積は社会と没交渉的で、あまりにも細分化された専門化を促していると警告されている。また、この傾向のために、人々の価値の相互調整は市場で行われるしかなく、しかも、人々に共通の価値観を提供する機能としてマスメディアの力が決定的に大きくなっていると分析されている。こうした傾向を抑制し、人々が人間らしい生活を送るために、「基礎情報学」は、次に引用するように総合的、学際的な知性の復権を真摯に訴えている。

あらゆる社会情報がデジタル化され、ＩＴによる処理（伝達／蓄積／編集）が連日大量に実行されるが、これとともに、経済、法律、学問などあらゆる分野の知識ベースが急速に増大発展していくことは確実である。ここでいう「知識」とは、基本的に、論理的な言語により明示的に表現された命題やデータの集まりである。さらに、知識ベースは、規模の増大とともにますます多岐に細分化されていくであろう。たとえば、法律的な知識ベースは公法と私法に分かれ、さらに公法知識ベースは憲法、行政法、刑法、訴訟法、国際法などに分岐していく。専門分化が進むとともに、個人の視野はますます狭くなり、総合知、学際知から遠くなっていく。そして現実はますます潜在化し、不透明性を高めていくであろう。

近代産業社会において、マスメディア・システムが形成する「現実―像」は、専門分化のため断片的にしか現実を把握できない一般の人々に、一種の擬似統合的な社会イメージを提供してきた。

人々は共通の「現実―像」を信じ、それを足場にしてひたすら各自の専門的な営為に従事する。消費者の欲望が比較的に共通なので、生産者はひたすら効率的な生産／サービス活動につとめ、そのための専門的分化に邁進すればよいのである。前提が明確なので「何のための知識か」と迷う必要もない。ＩＴはそこで、既存の知識を収集し、データをより便利に用いる手段を提供する。そして多くの場合、いわゆる理論知とは、そういう生産活動／サービス活動を精緻化し、効率化するための知識に他ならない。つまり、従来の理論知の多くは、斉一的な現実―像と、それをふまえて生み出される人々の均質な欲望を基盤にして編成されてきた。

しかし、このような斉一的な現実―像が引き続き有効で有り続けることができるかどうかは疑わしい。「現実―像」そのものが分裂し多様化するとき、従来のような、生産効率中心の理論知だけが有用とは限らない。身体に立脚した経験知、さらには意識できない暗黙知が必要とされるのではないか。このとき、既存の知識を累積した知識ベースはかえって足かせになる可能性もある。社会的パラダイムの変革期には、むしろ学際的・横断的な総合知への要求が高まるのである（第四章「総括と展望」、二「新たな社会システム」より）。

深刻化する労働の二極化　「基礎情報学」の分析にもかかわらず、現実には、情報通信技術の革新は人々の営為をふるいにかけ、形式知と暗黙知に分解し、「理論知」であるところの形式知ばかりを情報通信機器により伝達し増幅している。

人間本来の創造的な活動は、解きがたく結びついている形式知と暗黙知の複合体によって、一人ひとりの人間性を映し出しながら個性豊かに生み出されるものである。ところが、現代の情報通信機器によって形式知ばかりが増幅され、同一の生産物やサービスを効率よく提供するシステムの構築によって、産業社会の利益が生み出されている。こうした傾向が、形式知のもとに単純化された機械的、反復的労働を大量に生み出し、人間の働きがいを奪いながら、労働の二極化を進行させているのである。

ここにいう、形式知とは、言語によって明確に示すことができる形式的な知識であり、暗黙知とは、その反対に、明確に言語で表すことはできないが、人間の創造性を支えている身体を基盤とした知識のことである。たとえば、職人が優れた製品を手作りする場合に、その製品を生み出す活動は、かなりの部分が暗黙知に支えられている。職人の技能は親方から仕込まれ、また学んだ経験に依拠しているのであって、優れた技能は、その職人の精神的活動や身体的活動と不可分に一体化しているのである。ところが、現代の情報通信技術は、この体化されたものを人間から無理にも引きはがし、明示的にプログラムへと書き改めることによって、効率的な生産を推し進める。職人の体化された仕事は、メタ労働（労働を規定する労働）と単純労働とに明示的に分解される。このような技術利用の形は、人々を知識労働階級と単純労働階級とに分解する危険をはらんでいる。また、このような労働のあり方は、暗黙知をも形式知に置き換えていく過程で、人間活動の多様性を奪い、人間社会の発展性を損ない、同じものを大量に安く生産するという賃金崩落的な画一社会を現出させる。さらに、グローバルな市場競争と結合することによって、全世界を巻き込んだ画一化と、賃金切り下げ競争に人類を投げ込むこととなる。

第2節　国際関係の変化とグローバル化

1　変化する国際経済関係の基底

情報産業と金融の活況に支えられた相対的安定期

一九九〇年代には、こうした情報通信技術の進展に後押しされて、新古典派の社会観が拡大した。冷戦構造がアメリカの勝利のもとに終結したことで、自由主義市場経済の原理が世界を覆うようになり、また、それが経済発展を約束するものだと多くの人々に思わせた。自由主義市場経済の競争原理が全地球規模に拡大していくことこそ、グローバル化(globarization)の意味するところであった。

冷戦終結後は、このような社会観が広がり、現実に世界市場も拡大することによって相対的安定期とも呼べる時代を迎えた。アメリカが主導した情報通信技術やインターネットなどの世界インフラの拡大は、アメリカを中心とした経済の繁栄をもたらした。また、金融面でもアメリカは世界経済を牽引した。

アメリカの金融システムを長らく規定してきた法律に一九三三年アメリカ銀行法（いわゆるグラススティーガル法）があった。一九二九年の大恐慌の教訓から、投機をする証券と、産業資金を誠実に供給する銀行の業務とを分離したのである。この法律が、第二次世界大戦後の成長の時代の基本的な金融システムを提供してきた。ところが、冷戦終結後、力を強めた新古典派経済学は、自由で透明性をもった資源配分を謳い、銀行融資による間接金融から証券市場による直接金融に移ることが歴史的必然であるかのような雰囲気を作り出すこととなった。一九九九年、グラススティーガル法は葬りさられたが、新たな法律は金融近代化法と呼ばれている。完全情報という社会認識を持つ新古典派経済学にとって、銀行による資金供給は銀行家による「見える手」であって、証券市場の自由取引による「神の見えざる手」を用いることが「近代化」であるとの認識がもたれ、新たな金融サービスの誕生と拡張が期待されたのである。

新古典派の社会観によって構築された情報産業と金融の活況の時代が訪れた。しかし、このような情報化と金融化は持続的なものであるはずがない。国際関係の基底には、貿易構造の巨大な不均衡が存在し続けているのである。情報化と金融化の利益をアメリカが享受できなくなった時、相対的安定期は終焉することになる。

2　日本におけるグローバル化の理解

危険を招いた安易な世界認識　一九九〇年代以降のアメリカ経済の繁栄は表層的なものであり、世界は脆弱な経済構造のうえにかろうじて成り立っているに過ぎない。ところが、冷戦終結後の日本社会は、世界経済について、かなり安易な見方をしていた。政府の報告書（七四、五頁）をもとに、グローバル化の認識をみてみよう。(5) そこではグローバル化が世界の潮流であると持て囃され、速やかにこの潮流にのることで経済的利得を実現しようと提案されている。また、日本の社会制度をグローバルなものに合わせていくという大義名分のもとに、日本型雇用システムを改め、労働力についても市場の資源配分機能を用いることが、グローバル化時代への対応なのだと主張されている。

（5）経済審議会「グローバリゼーション部会報告書」（一九九九年六月）。

グローバリゼーションとは何か

一九九〇年代に入り、情報通信コストの低下と各国間の制度上の差異が縮小することによって「グローバリゼーション」と呼ばれる流れが加速している。ここでの「グローバリゼーション」とは、経済的な側面から、様々な経済主体が効率性の追求を全地球規模で行うようになることである。九〇年代におけるその推進力は、第一に政治面における冷戦構造の終結、第二に進展した貿易・投資の自由化、第三に高度に発展した情報通信技術である。

グローバリゼーションに対する認識

グローバリゼーションがもたらす競争の激化に対応して、各国政府は自国の制度を国内外の市場参加者に対して、より透明で、公正なものへと見直す方向であり、企業は世界的な競争を生き抜くための厳しい効率化の努力を行いつつある。グローバリゼーションへの対応に成功した国では、その結果としてもたらされる経済効率の向上や供給される財・サービスの多様化が国民の生活水準の向上に寄与し、外国からの企業の立地や資本の流入が増加して、その国の経済発展の大きな原動力となることが期待される。

ただし、こうしたグローバリゼーションのメリットが全て一様に発揮されるわけではない。グローバリゼーションへの対応が上手くいかなかった国では、①世界レベルで活躍できる企業や人がより魅力的な活動の拠点を求めて出て行く、②自国の発展のために必要な外国からの資本や企業の直接投資が入ってこない等の理由から経済発展が停滞する、③効率を十分に上げることが出来なかった企業は市場から退出せざるを得ない。

グローバリゼーションに対応した雇用政策の方向性

①日本社会を「開かれた社会」へ　参入障壁のない競争的な事業環境を整備することは、経済活性化を通じて、不断のイノベーションと効率改善のインセンティブを生み出すことの前提条件である。すなわち、「透明で公正」な市場システムをつくり出すことにより、多様な背景をもった企業、特に外資系企業の参入を拡大する条件を整備する。企業の多様化は、働き方の多様化を生み出し、異質なものが共存する「開かれた社会」への基礎となる。

②外部労働市場の整備　国内外の新規参入企業が事業を円滑に開始するためには、新卒者のみならず、既就業者が労働市場においてこれらの企業に移動・就業しやすい環境を整えることが重要である。このため、労働移動を円滑化するため労働者派遣事業、有料職業紹介事業等の規制改革を的確に実施するとともに、確定拠出型年金の導入による年金のポータビリティ〔転職時に転職先へ年金資産を移動すること〕の確保についての検討等も積極的に進めるべきである。

③外国人労働への対応　進展するグローバリゼーションの中で、多様な知恵の時代を迎え、我が国がこれからも世界の中で豊かさを維持するためには、多様で異質な才能の積極的な活用や創造的な発想に基づく経済活動の拡大が不可欠であるが、こうした観点からは我が国の国内で、海外の異質な文化的背景をもつ人々や企業が日本人や日本企業と協力し合い、あるいは、競い合いながら活躍していくという状況を作り出していくことが望ましい。

3　後退した国際協調主義

グローバルとインターナショナルの違い　グローバル化とは、様々な財や情報が国境を超えて自由に移動し、経済効率化を世界規模で図ろうとする動きである。この動きは冷戦構造の終結とともに一気に広がった。

冷戦構造の終結までは、それぞれの国にそれぞれの歴史に根ざした経済機構があり、その国独自の特徴故に、その経済機構の運営は基本的に国家を単位として行われるというのが通念であった。そして、世界秩序は、その異なった背景をもつ国々の政府が集まり、相互の協力関係のもとに構築されるべきものと理解されていた。これが「国際協調主義」の思想である。

このことは、国際的（international）という言葉の成り立ちによって理解できる。国家や民族、すなわち、nationを基本とし、その相互間の関係、すなわち、inter-の接頭語に示される関係によって、nationとnationが結びつけられているのである。インターナショナルとは、国と国の違いを認め合った上での世界秩序を示した言葉なのである。ところが、冷戦終結後に一大潮流となったグローバル化（globalization）とは、さまざまな国や地域が存在する現実の世界を、天体としての地球（globe）として表現する言葉である。冷戦後の世界においては、このような物理的な概念によって、結果的に、地球の一体性が不用意に強調されることとなったのである。グローバル化の思潮は政治・経済の論壇の中で中核的な位置を占め、日本においても無批判的に用いられた。このことは、バブル崩壊後の日本社会を極めて危険な領域へと誘い込むこととなった。

日本は、バブル崩壊以降の時代を、グローバル化の時代として認識し、それに積極的に対応し、グローバル化と呼ばれるものに日本社会を適応させようとした。冷戦後の世界秩序は一つの市場経済に束ねられるという見通しを無分別に追認し、地球規模で新たに作られると予測される新しい利益に期待をかけたのである。

なお、これに関しては、第Ⅰ部第3章「構造改革と日本社会」において、ＯＥＣＤ（経済協力開発機構）の提案する雇用戦略がグローバル化の世界観を膨らませ、日本政府と日本社会に新古典派経済学による虚妄の改革プログラムを組み込んでいった経過をみることとする。

第3節　人口減少と日本社会

1　人口転換モデルと日本の人口減少

人口転換モデルからみた人口動態　日本社会の大きな環境変化として、「情報化・サービス化」、「グローバル化」に加え、「人口減少・少子高齢化」がある。

一般に、低い人口増加率にあった農業社会が、工業化過程に入り、高い経済成長と高い人口増加率を経験すると、その後、次第に出生率の低下を通じて、人口増加率が鈍化し、人口構造は高齢化する。そして、経済社会は成熟化していく。こうした一連の人口動態は、**図1**（次頁）のような人口転換モデルとして定式化されている。

人口転換モデルは、産業革命を経験して変化した一八世紀以降の人口動態を説明するため、欧米を例としてまとめられたものである。経済社会の発展に伴い変化する人口の動態は、多産多死から多産少死をへて、少産少死に至る、三つの段階から説明されている。

図1　人口転換モデル

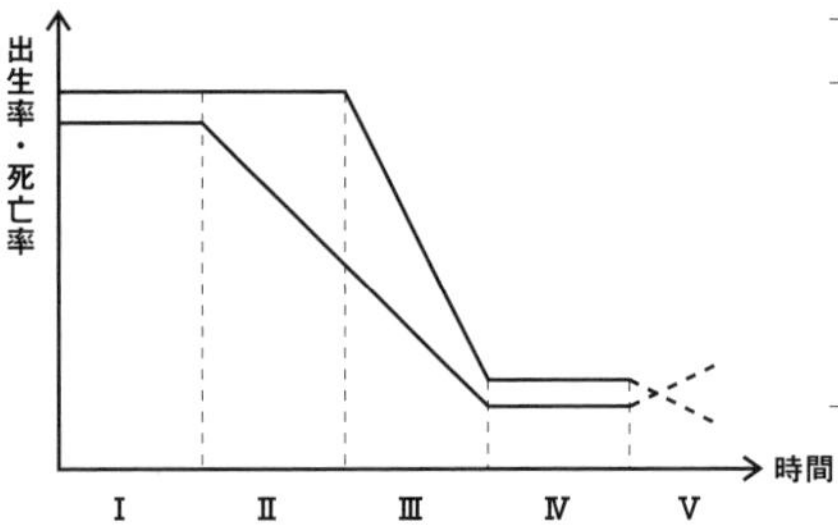

ステージ	出生率	死亡率	人口成長
Ⅰ	高水準	高水準	低成長
Ⅱ	高水準	低　下	高成長
Ⅲ	低　下	低　下	中成長
Ⅳ	低水準	低水準	安　定
Ⅴ	低　下	上　昇	減　少

まず、第一段階の多産多死（ステージⅠ）は、出生率も死亡率も高水準にある低発展段階である。産業革命が起こる前の伝統的な農業社会では、一つの家庭に多くの子どもがいることは、農業生産の労働力確保の意味があり、出生率が高かった。一方、衛生面の欠如や飢饉、疫病、戦争などのため死亡率も高かった。この高出生率・高死亡率の状況は、人口の緩やかな増加をもたらしていたが、飢饉や疫病などが起こるたびに死亡率がさらに上昇し、人口も減少するなど人口の動きは不安定な状況にあった。

第二段階の多産少死（ステージⅡ）は、出生率は依然として高水準にあるが、死亡率が急速に低下する段階である。産業革命を経て衛生面が改善し、医学も発達すると死亡率は低下するが、出生率はすぐには低下せず、引き続き高い水準にある。こうして非常に高い人口の増加がもたらされる。

第三段階の少産少死（ステージⅢ及びⅣ）は、出生率も死亡率の低下を追って低下し、出生率、死亡率ともに低水準に達して安定化する段階である。第二段階の死亡率の低下を追って出生率の低下が始まるが、その理由としては、乳幼児死亡率の低下によって出生数を減らしても家族・社会の存続が可能となることのほか、子どもの養育費用の負担の上昇や出生抑制の社会的浸透などが考えられる。

人口転換と日本社会　人口転換モデルは、産業革命→都市化・工業化による経済成長→成熟社会、といった一般的な人口動態を説明している。日本社会の人口の動きも、このモデルを使って概ね説明できる。日本では明治維新以前が第一段階の多産多死、明治から昭和三〇年代の半ば（一九六〇年頃）までが多産少死、昭和三〇年代半ば以降（一九六〇年代以降）が少産少死の段階であると考えられる。ただし、日本の出生率は、その後も継続的に低下し、二〇〇五（平成一七）年には死亡率を下回った。人口構造の高齢化の中で死亡率も緩やかに上昇していくと見込まれることから、日本社会は二〇〇五年から人口減少が定着する状況に陥った。**図1**の人口転換モデルでは、多産多死から少産少死へ移ることで人口転換は完了することとなるが、日本社会では出生率の低下に歯止めがかからず、人口が減少する局面（ステージV）へと入り込んだのである。

2　日本における少子化の状況

国際的にみても著しい少子化の進行　一人の女性が生涯に産む子どもの数を指標化したものに合計特殊出生率がある。その国の人口水準が維持される合計特殊出生率の水準を人口置換水準と言うが、一つのカップルに子どもが二人あれば、人口は維持されることになるので、人口置換水準は概ね2であるとみて差し支えない(6)。日本の合計特殊出生率は、第二次世界大戦後の第一次ベビーブーム（一九四七年から四九年生まれ）までは4を超えていたが、その後、急速に低下し、昭和三〇年代後半（一九六〇年代前半）には若干2を割り込んだが、盛り返し第二次ベビーブーム（一九七一年から七四年生まれ）のあった一九七一（昭和四六）年にピークの2・16となった。しかし、その後は長期の低下過程に入っている。

先に触れたように、成熟した社会では出生率が低下し人口の伸びが鈍化するが、日本では出生率の低下に歯止めがかからず、二〇〇五（平成一七）年から人口減少過程に入っている。また、国際的にみても日本の合計特殊出生率の低下は大きい(7)。

出生率低下の原因は結婚する人の減少　出生数は、結婚する人の数と結婚した人の子どもの数の二つの要素によって概ね決まる。出生率低下の原因としては、結婚する人の割合の低下が大きく(8)、昭和四〇年代後半（一九七〇年代前半）以降、結婚年齢が継続的に上昇しており、「晩婚化」と言われてきた(9)。晩婚化は若い年齢層で結婚している人の割合が低下することであるが、若い年齢期に得られなかった出産の機会をその後取り返すことは、生物学的な側面からも容易ではない。合計特殊出生率の低下は女性二〇歳台での出産の減少によるところが大きく、三〇歳台で出生率の上昇がみられるとしても、二〇歳台で低下した分を補えているわけではない。さらに、「晩婚化」と呼ばれてきたもののかなりの割合は、時間の経過の中で結婚を選択しなくなった「非婚化」であることが次第に明らかになってきており、生涯結婚しない人の増加につながっている。若い時代に結婚の機会を逃すと、再び結婚の機会をつかむことも難しいことが分かる。

なお、夫婦の持つ平均子ども数は、戦前社会から昭和四〇年代半ば（一九七〇年頃）まで継続的に低下してきたが、その後は横ばいでかなり安定した推移を示していた。ところが、近年、低下がみられ、結婚しても子どもを持たなかったり、一人っ子であったりする夫婦が増えてくる可能性も高まっている。(10)

厳しい人口減少予測とそれを回避するためのシナリオ　出生率の低下（少子化）は、高い経済成長を示した国では一般的に観察されるものであり、その要因としては、高学歴化や女性の社会進出、社会の成熟化や個人の多様な生き方の追求のほか、固定的な男女の役割分業意識による結婚生活の支障、結婚しないことから得られる快適な生活の継続、などが背景として挙げられる場合が多い。

ところが、現代日本社会における出生率の低下は、国際的にみても著しく、今後、継続的な人口減少を引き起こし、家族生活や社会全体の持続性において危惧されるものとなっている。二〇〇六（平成一八）年末に公表された国立社会保障・人口問題研究所の「日本の将来推計人口（平成一八年一二月推

(6) 生まれてくる子どもの男女比が若干男子が高いこと、また、出産可能年齢内に死亡する女性がいることなどから、人口置換水準は厳密には2を若干超える数値となる。

(7) 一九七〇年から二〇〇五年にかけての合計特殊出生率の低下は、日本2・13→1・26、アメリカ2・44→2・05、フランス2・47→1・94、イギリス2・43→1・78、ドイツ2・03→1・34、イタリア2・43→1・32、となっている。

(8) 一九七〇年から二〇〇〇年の三〇年間の未婚率の動きをみると、男性（三〇～三四歳層）で11・7%から42・9%へ、女性（三〇～三四歳層）で7・2%から26・6%へ上昇した。

(9) 厚生労働省「人口動態統計」によると平均初婚年齢は一九七二年の二六・七歳（夫）、二四・二歳（妻）から継続的に上昇し、三〇年たった二〇〇二年には二九・一歳（夫）、二七・四歳（妻）となった。

(10) 厚生労働省「出生動向基本調査」によると、夫婦の完結出生児数（初婚同士で結婚持続期間一五から一九年の夫婦の子ども数）は一九四〇年（第一回調査）で四・二七人であったが、その後低下し、一九七二年（第六回調査）には二・二〇人まで落ちた。しかし、以後三〇年間は横ばいで推移し、二〇〇二年（第一二回調査）では二・二三人であった。ところが、二〇〇五年（第一三回調査）では二・〇九人と顕著に低下した。

計)」によれば、二〇〇五(平成一七)年に一億二七七七万人だった人口は、二〇三〇(平成四二)年には一億一五二二万人に低下、二〇四六(平成五八)年には一億人を割り込み、二〇五〇(平成六二)年には九五一五万人にまで落ち込むと推計されている[11]。また、一五~六四歳の生産年齢人口については、二〇〇五(平成一七)年の八四四二万人から二〇三〇(平成四二)年には六七四〇万人、さらに、二〇五〇(平成六二)年には四九三〇万人へと減少し、経済活動を支える年齢層の人口は総人口以上に大きく減ることが明らかになった。

これらを受けて、厚生労働省の社会保障審議会は「人口構造の変化に関する特別部会」を設け、今後の出生率の引き上げの可能性について検討を行い、二〇〇七(平成一九)年一月に「出生等に対する希望を反映した人口試算」を示した。ここでは、結婚や出産に対する人々の希望を実現できれば、出生率を引き上げ、人口減少を抑制することができるので、二一世紀半ばにおいても一億人の総人口を維持できるとのシナリオが描かれた[12]。

少子化抑制の視点に立った人口問題の論点整理　このように、人々の希望の実現と人口減少の抑制との関係から今日の人口問題をとらえてみると、結婚することができない、あるいは、子どもを持ちにくいといった要因には次のような社会的弊害が考えられ、日本社会が解決すべき課題であるととらえることができる。

第一に、若年層の職業的自立が脅かされていることである。バブル崩壊以降、経済停滞が続いたが、企業は人件費抑制の観点から、正規雇用者の絞り込みを行ってきた。また、この時期は第二次ベビーブーム世代が学校を卒業し就職する時期にも重なっていたため、厳しい若年失業問題を引き起こすとともに、パート、アルバイト、派遣労働者など不安定な就業状態が若年層に広がることとなった。正規雇用者に対し、不安定就業者の未婚率は高く、職業的な自立が図れないために結婚できない人々を増加させていると考えられる。

第二に、長時間労働により仕事と生活のバランスが崩れていることである。正規従業員の雇用機会は絞られてきたが、このことが、特に、男性壮年層の長時間労働を生み出している。出産・育児には、夫婦の協力が必要であるが、夫の長時間労働は、日本における女性の高い家事負担とあいまって、出産や育児に対する妻の不安を高め、悩みを深くさせている。このことが、夫婦の持つことができる子ども数を減らし、さらに、結婚をためらわせる状況を生み出していると考えられる。

第三に、育児や子どもの教育に対する不安が大きいことである。核家族化の進行により育児の不安に対して地域での相談や助け合いが期待されるとともに、共働きの場合には保育サービスが不可欠である。しかし現実には、こうした社会的なサービスが不十分であることに加え、子どもの教育費負担が上昇し

---

(11) 数値は出生率中位の仮定を用いた中位推計である。なお、平成一八年一二月推計の中位推計では合計特殊出生率は1・26とされ、前回の推計（平成一四年一月推計）の1・39よりも引き下げられており、これに伴い人口減少も急激なものとなった。前回の推計では、二〇五〇年段階でも人口は一億五九万人と一億人を維持するものとされていた。

(12) 国立社会保障・人口問題研究所の「日本の将来推計人口（平成一八年一二月推計）」では、合計特殊出生率の仮定（中位推計）は1・26とされている。これに対し、社会保障審議会「人口構造の変化に関する特別部会」は、未婚者のうち九割が結婚したいと考えていること、また、夫婦の理想子ども数は二人を超えていることなどを根拠に、合計特殊出生率は1・75程度まで引き上げうると結論づけ、総人口の再推計を行った。

ており、子どもを持つことに対する不安は、かつてに比べ高まっていると考えられる。

3　労働力の維持、発展に向けた課題

国内市場の縮小と海外展開志向　一九九一（平成三）年のバブル崩壊以降、経済停滞が長期化する中で、企業は人件費の削減によって企業収益を回復させる方向を強めることとなった。特に、日本経営者団体連盟（日経連）が一九九五（平成七）年五月に「新時代の「日本的経営」」を発表し（九六頁参照）、日本型雇用システムの見直しを掲げたことは大きな影響を与えた。「自社型雇用ポートフォリオ」の考え方のもとに、正規以外の雇用形態を積極的に活用し、企業ごとに効率の良い雇用形態の組み合わせをつくることを提言した。長期的な視点から採用、育成を行う雇用慣行が揺らぎ、新規学卒者の採用は抑制された。厳しい雇用情勢の中で若年層のそれは一段と悪化するとともに、正規雇用以外の就業形態で働く不安定就業が増加した。特に、この時期に就職期を迎えた若者たち、なかでも、団塊二世の世代（一九七一年から七四年生まれ）の職業的自立を極めて困難なものとした。

一方、賃金制度についても、極めて皮相的な年功賃金批判がまかり通り、職能資格制度を通じて能力評価手法を充実させてきた企業内の蓄積が損なわれ、代わって登場した安易な業績・成果主義の導入は、実質的な賃金抑制、賃金削減の手法として活用される場合が少なくなかった。

相対的に賃金水準が低い非正規雇用者を活用したこと、また、正規雇用においても賃金抑制がなされたことは、企業の人件費負担を抑制した。名目の平均賃金は、一九九七（平成九）年をピークに減少を始め、その後経験した二回の景気回復過程においても、賃金の水準が回復することはなかった。

総人口及び生産年齢人口が減少する中で賃金水準が低下したことは、国民経済の視点でみれば、マクロの雇用者報酬の削減につながり、国内総支出（GDE）に占める消費支出の割合を継続的に低下させた。経済の成長は外需拡大に頼る傾向を強めた。一方、個別企業の行動に即してみれば、企業は賃金を抑制し企業収益を回復させたが、国内市場は期待したほど回復せず、海外進出や海外市場への販売増加によって対応せざるをえなかった。そして、海外企業との競争のためにも、コスト抑制に取り組む必要があり、人件費抑制志向をさらに強めるとともに、国内市場のさらなる縮小と海外市場への依存を相互循環的に進行させた。

国内経済の綻びと労働力再生産の危惧

経済成長の成果が雇用、賃金、労働時間に適切に配分され、勤労者生活の充実を通じて消費支出が拡大するならば、いたずらに外需に依存することのない安定的な経済発展を実現することができる。また、労働者の意欲と能力が十分に発揮されるならば、それが経済活動の活性化につながり、家庭生活を向上させて子どもの養育にも手をかけることができる。成長の成果を適切に配分することで、健全な経済循環を実現し、将来の経済活動に貢献できる労働力を量的にも質的にも養っていくことが重要なのである。

ところが、バブル崩壊以降の日本社会は、企業のコスト抑制志向が強く働き、国民経済レベルでの労働分配が抑制されることで、経済、社会の持続性が確保できなくなる危険を高めている。

人口問題との関係で論じたように、まず、雇用の面では正規雇用の絞り込みによって、若年者の育成に資する雇用機会が削減され、若年者の職業的自立の道が狭まっている。また、賃金の抑制により所得水準の低い労働者が増加している。さらに、正規雇用の抑制に伴って、男性壮年層に長時間労働が広がり、仕事と家庭生活のバランスが崩れている。

これらのことは、働いている世代から働きがいや家計を形成し維持していく能力を奪い、経済活動に大きな支障を与えるばかりか、将来の労働力をも量的・質的に損なうものとなっている。

人と社会の危機を克服するために

一九九〇年代以降の日本社会は、「情報化・サービス化」、「グローバル化」、「人口減少・少子高齢化」という変化に直面してきた。そして、これに対処するためには市場経済システムを活用した構造改革が必要であると声高に主張されてきた。しかし、この新古典派経済学に導かれた政策対応は、とめどもないグローバルな経済競争に日本人と日本企業を投げ込むこととなった。これによって不安定就業や長時間労働を拡大させ、かえって、人口減少と少子高齢化の進行を加速させることとなったのである。

市場経済モデルによって経済を活性化させようとする構造改革の思想は、グローバル化の思潮の中で、日本以外の多くの国々にも広がっている。しかし、経済活動を担うものはあくまで人であり、各国には優れた人材を生み出すことができる固有の歴史や文化がある。日本社会において進行する「人と社会の危機」を真っ正面から受け止め、それに対処する方策を検討するとともに、国際社会の中で、日本の歴史、文化に根ざした固有の主張を正当なものとして訴え、自信をもって論ずることのできる確固たる政策論の構築が希求されているのである。

米ソが展開した冷戦は、いずれの社会体制を選択するかという闘争であったが、アメリカの勝利のもとに冷戦が終結したことは、自由主義経済体制の勝利、市場メカニズムの勝利と認識され、市場経済への信認を大いに高めることにつながった。

冷戦構造の時代では、労働問題は特に失業問題を中心に自由主義市場経済の欠陥としてとらえられ、そこへの対処に慎重さを欠けば、体制的危機を招来するものと考えられていた。したがって、市場メカニズムに信認を置く新古典派経済学が、労働問題の具体的な対応に積極的な提言を行うなどということはありえなかった。また、そのような角度からの提言の危険性は、日本の政治、政策当局レベルにおいても十分に理解されていた。

ところが、冷戦の終結は、経済思想や政策論の見取り図を激変させた。新古典派は、新たな政策提言活動を開始し、労働問題の統計的・計量的分析を通じて、市場メカニズムを活かす構造改革の必要性を積極的に説き始めたのである。その世界的な提言活動は、パリに本部を置くＯＥＣＤの「労働市場研究」

として遂行され、「雇用戦略」としてとりまとめられた。そしてこの提言内容は、日本の経済学者や政策担当者に大きな影響を及ぼすこととなった。

この第3章では、新古典派が展開した労働市場論によって構造改革論が形づくられていく経過を分析し、その持つ誤りと、本来、経済学が果たすべき役割について考える。まず、第1節「OECDの雇用戦略」では、OECDの研究と政策提言活動の経過を分析し、新古典派が展開した政策論の内容とそれに対する関係者の対処の仕方について振り返る。次に、第2節「日本の構造改革論」では、OECDの「雇用戦略」が日本の政策に浸透していく過程を検討する。そして、第3節「経済学と日本社会」では、経済学の持つ社会的影響力の大きさを検証するとともに、誤った経済理論が誤った政策を生み出したという日本の現実を見すえ、社会における経済学の役割について論じる。

第1節　OECDの雇用戦略

1　自由主義経済諸国の「雇用戦略」

東西冷戦の終結と自由主義市場経済体制の勝利

一九八〇年代後半、欧州は大きな変革の中にあった。一九八七年ソ連共産党が東欧諸国への内政不干渉を明言したことは、ポーランド、ハンガリー、東ドイツ、ルーマニア、ブルガリアなどでソ連型の一党独裁体制を放棄する契機となった。一九九〇年一〇月には東西ドイツが統一され、一九九一年七月にはワルシャワ条約機構が解散、そして同年一二月のソビエト連邦の崩壊によって東西の冷戦は終結した。

東欧諸国における政治体制の変化は、自由主義市場経済体制の優位性を示したものととらえられ、欧州における自由市場の拡大を予測させた。実際、東側陣営に所属していたチェコ、ハンガリー、ポーランド、スロヴァキアなどの諸国は、一九九〇年代半ば以降、相次いでＯＥＣＤに加盟し、自由主義市場経済体制のもとでの新たな経済発展を模索し始めた。

一九九〇年代のＯＥＣＤは、西側陣営を主導した国際機関として自らの活動に自信を深めていた。一九九二年五月に開催されたＯＥＣＤの閣僚理事会では、雇用政策に関する総合的な研究の必要性が説かれ、その要請にもとづき、新古典派経済学が「労働市場」の概念を用いて積極的に政策提言を行うという舞台装置が整えられた。そして、その研究成果は二年余りの検討期間をおいて、一九九四年に「雇用戦略」としてとりまとめられた。

構造改革論の雛型を提供したＯＥＣＤの「雇用戦略」　それまでの雇用政策では、有効需要管理政策を通じて生産と所得を拡大し、それによって雇用を拡大させ失業を吸収するという対応が重視されていた。これに対し、市場調整メカニズムに自信を深めたＯＥＣＤのエコノミストたちによる提言は、規制緩和と企業家精神の発揚を重視し、労働力の供給側に柔軟性を持たせる「労働市場の弾力化」によって、失業問題を解消するというものであった。

労働市場の弾力化とは、労働問題においても市場メカニズムを活用し、労働力需要に即応して労働力供給を柔軟に変化させ失業の抑制を図るとともに、自由競争のもとでの旺盛な企業活動を呼び起こし、労働力需要の拡大を促すというものである。これは、市場メカニズムを活用した経済活性化策であり、その政策は「構造的政策」と名付けられている。市場メカニズムが働くような経済構造を生み出していくという政策である。ＯＥＣＤの「雇用戦略」によって、現代の構造改革論の原型が誕生したといえる。

ここでは、労働法制や労働に関する慣行など雇用・労働の規制を緩和することが改革の中心的な対応とされ、雇用保障の法的規制を緩和し、企業が容易に解雇を行えることが企業の積極的な雇用態度につながっていくとみなされた。また、労働移動を活発化させることが市場メカニズムの活用であると認識され、その労働移動も、もっぱら公共職業安定所などの公的職業紹介によって担われるのではなく、民間の職業紹介事業などの人材ビジネスも並行して導入し、活性化されるべきだとされた(1)。

2　ＥＤＲＣによる対日審査

日本の雇用慣行と雇用政策に変更を迫ったＯＥＣＤ　ＯＥＣＤは、自らの提言を具体化するために、経済発展審査委員会（ＥＤＲＣ）による審査を実施している。一九九六（平成八）年には、日本経済の審査が行われ、日本の雇用・労働に関する分析と政策提言が行われた。その基調は、新古典派経済学の理論的な展開に沿い、「雇用戦略」において検討された事項を日本の雇用・労働問題に具体的に応用するというものであった。

ＯＥＣＤは、まず、日本の雇用・労働問題への対処が、市場メカニズムを十分に活かしていないという認識に立って、外部労働市場の育成、拡大が必要であると主張した。労働市場とは、一般的な商品の資源配分機能と同じように、労働力という資源の配分機能も市場を通じて行われるものととらえ、その考えを体系化した概念である。この概念としての労働市場は、外部労働市場と内部労働市場とに分けられる。外部労働市場とは、労働者の入職、退職などを通じた労働力の配分機能を示し、内部労働市場と

郵便はがき

料金受取人払郵便

新宿北局承認

5246

差出有効期間
2020年3月
31日まで

有効期限が
切れましたら
切手をはって
お出し下さい

169-8790

260

東京都新宿区西早稲田
3 — 16 — 28

株式会社 **新評論**
SBC(新評論ブッククラブ)事業部

お名前	年齢	SBC 会員番号 L
ご住所 〒 — TEL		
ご職業 E-maill		

●本書をお求めの書店名(またはよく行く書店名)

書店名

●新刊案内のご希望 □ ある □ ない

SBC(新評論ブッククラブ)のご案内

会員は送料無料!各種特典あり!詳細は裏面に

SBC(新評論ブッククラブ)
入 会 申 込 書

※✓印をお付け下さい。
→ SBCに 入会する

は、企業の中での労働者の配置、育成、処遇などを通じた労働力の配分機能を示すものである。

ＯＥＣＤは、長期雇用、年功序列型賃金などの日本の雇用慣行を厳しく批判し、内部労働市場の機能性の限界を指摘するとともに、外部労働市場の機能を積極的に活かしていくために、日本的雇用慣行と日本政府の雇用政策に変更を迫った(2)。

具体的には、日本的雇用慣行を改め、就業形態の多様化と労働移動を促進すること、人材開発機能を高めるため職業資格制度を整備すること、退職金の企業通算など転職の障害を取り除くこと、などを提言した。また、日本政府に対しては、民間人材ビジネスの拡大と解雇規制の緩和の必要性を明示した。なお、民間人材ビジネスの拡大については、外部労働市場を機能させるために、求人情報などの職業情報の提供や関連するサービスの拡大が重要であり、これらを担う主体として、公共職業安定所よりも民間のビジネスの方が好ましいと考えたものとみられる。

禍根を残した審査過程

ＥＤＲＣでなされた日本経済に関する分析や提言は、あくまでＯＥＣＤ自身のものであるが、日本政府にも意見を述べる機会は十分に与えられていた。しかし、この対日審査の内容について、日本政府はＥＤＲＣの討議の場において反対意見を述べることはなかった。ＥＤＲＣの討議において特段の意見対立がみられなかったことから、国際社会は、日本政府がＯＥＣＤの対日提案に

(1) ＯＥＣＤの「雇用戦略」の内容については巻末資料二三四頁を参照。
(2) ＯＥＣＤのＥＤＲＣによる対日審査内容については巻末資料二三三頁を参照。

大筋で同意したものと受け取った。

国際交渉の場においては、いずれの国の政府も、自国の社会の実状を踏まえ、その立場を主張するのが普通である。ところが、日本政府はＥＤＲＣの対日審査報告書の原案の討議にあたって、反論すべきところを堂々と反論するという取組に欠けていたのではないかと疑われる。国際機関や国際会議の場では、本来、それに参加する国の政府、関係機関は積極的に発言し、検討や討議に主体的に参加することを通じて、自国に不利な事項を徹底的に討論しなくてはならない。もちろん、自己主張だけでは国際社会には通用せず、妥協点を探る協調努力は欠かせないが、自己主張、妥協、協調という経過をたどることで、採択された文書であっても、国際社会の中で、それを相対化することは十分に可能なのである。

対日審査の問題性　対日審査の検討にあたっては、少なくとも次の三点が討議されるべき論点として残されていた。

第一に、日本的雇用慣行を見直すべきだとされた点についてである。日本企業にみられる長期雇用慣行には、雇用を安定させ、長期的な視点から人材を評価し育成する機能が備わっている。外部労働市場による市場調整機能を活かすというのは、新古典派経済学の市場経済論から演繹される一般論であり、このような一般論によって一国の雇用慣行の見直し議論が行われることは妥当であるのか、検討される必要があった。

第二に、解雇抑制的な雇用政策を見直すべきだとされた点についてである。解雇を含む雇用調整を容易にすることが雇用の増加を円滑化させうるという考え方がＯＥＣＤから示されたが、これも、市場メカニズムに強い信認をおいた新古典派の論理の産物であり、歴史的、実証的に検討される必要があった。

第三に、労働力の需給調整を民間人材ビジネスの導入によって活性化するべきだとされた点についてである。民間の職業紹介は、労働者の斡旋に成功すると求人企業から成功報酬を得て事業を成り立たせている。このような仕組みは、高い技能をもった労働者の移動には役立っても失業者の就職促進には必ずしも有効ではない。公共職業安定所は失業者の再就職の促進には現に有効な機能を発揮しているのであり、民間システムに委ねることが全ての解決につながると思わせるような立論は、人々の幻想をあおったもののようにもみえる。つまり、立論そのものの妥当性が検討される必要があった。

3　TUACによる反対声明

「負の柔軟性」によって損なわれる社会の一体性

このように討議すべき重要な論点が存在していたにもかかわらず、対日審査の検討にあたっては、日本政府からの主体的な反論はついに行われず、OECD事務局が示したペーパーは正式にEDRC報告書となった。この報告書は、その後の日本における構造改革の端緒を開くものとなった。日本人が国際社会にいかに参加し、その進歩にいかなる貢献を果たすことができるのか、日本政府のEDRC討議への参加は今後の国際労働外交の展開にとって多くの課題を残した重大な歴史的事実となったように思われる。

ところで、極めて重大な問題をはらんだこの報告書に日本政府が同意を与えたことは、むしろ他の加盟諸国に大きな波紋を及ぼすこととなった。OECDの労働組合諮問委員会（TUAC）は、グローバル化の名のもとに各国の雇用慣行を安易に改変することの危険を指摘したうえで、対日審査による「雇用戦略」のフォローアップは「負の柔軟性」の論点を過度に強調しているとして、そこに基本的な欠陥があるとの厳しい反対声明を発するに至ったのである(3)。

これは、日本政府の合意とは関わりなく、対日審査の内容が「雇用戦略」のフォローアップとしてふさわしくないとの判断をTUACの立場から示したものである。特に、世界的な市場競争の激化の中で、低賃金、低技能の労働力が企業利益を拡大させる傾向を促し、それが各国における社会的一体性を損わせていることに強い懸念が表明された。対日審査が提言した労働市場の弾力化のための諸施策は、こうした問題を引き起こす「負の柔軟性」に他ならないというのがTUACの持つ認識だった。

第2節　日本の構造改革論

1　グローバル化と国際機関

国際機関と日本の立場　OECDの対日審査報告書に対する日本政府の態度は、戦後復興期以来の外交原則の延長線上にあった。しかし、今日、それは時代遅れのものであると言える。

戦後日本外交の基軸は、自由主義経済諸国、特にアメリカとの友好的な関係を維持、発展させるところにあった。アメリカの描く世界秩序の中にあって、拡大する自由貿易の利益を最大限に取り込み、輸出を増やし、高い総需要の伸びを作り出しながら、日本は高度な経済成長を実現したのである。ところが、今日、日本と世界は歴史的な転換期を迎えている。これまでのように、国際機関や国際会議の舞台で自らの主張を展開することもなく、今までの外交路線をそのまま継承し、他者の主張を追認するだけでは、今後の日本社会の発展は望むことができないであろう。

ＯＥＣＤの歴史　特に、ＯＥＣＤの会議に臨むにあたっては、この国際機関がアメリカ的な経済システムと親和性が強く、アメリカの世界秩序を実現する戦略的な機関であることを意識しておかなくてはならない。歴史的には、経済協力開発機構（ＯＥＣＤ：Organization for Economic Co-operation and Development）の前身である欧州経済協力機構（ＯＥＥＣ：Organization for European Economic Co-operation）は、第二次世界大戦後に立てられたアメリカのマーシャル・プラン（欧州復興援助計画）を受けて、欧州側がそのプランの要求と資金を受け入れるために発足させた機関なのである。

一九四五年五月ドイツが降伏すると、アメリカはただちに欧州援助に乗り出した。初期段階の援助は、戦争による直接的な被害をしのぐためのものであったが、アメリカは次の段階として、欧州の産業の復興と貿易の再開のための仕組みづくりが必要であると考えていた。一九四七年六月、アメリカ国務長官Ｇ・Ｃ・マーシャルは、ハーバード大学の卒業式記念講演の壇上で欧州復興に関するアメリカの支援計画を明らかにした。この欧州復興援助計画はマーシャルの名をとって、マーシャル・プランと呼ばれた。

演説の力点は、欧州側に適切な受入態勢づくりの協力を求めるところにあり、形の上ではソ連にも門戸を開いた。しかし、ソ連はアメリカが提示した受入条件を拒否。これによって東西欧州の分裂が明確化し、一九四八年にマーシャル・プランの協力受入機関としてＯＥＥＣが発足した。一方、ソ連と東欧はこれに対抗して、翌四九年に経済相互援助会議（ＣＯＭＥＣＯＮ）を発足させた。

（3）ＯＥＣＤのＴＵＡＣによる反対声明は巻末資料二三三頁を参照。

その後、欧州の西側陣営では復興とともに輸出競争力が回復し、一九五〇年代末にはアメリカの国際収支が逆調を示すようになった。アメリカ側にOEEC加盟国との間で経済的な諸政策をより緊密に調整する必要が生じ、一九六一年にOEECは拡大的に改組され、アメリカ、カナダをも正式加盟国としたOECDが発足した。

このような歴史を持つOECDにとって、冷戦がアメリカの勝利のもとに終結したことは、戦後展開してきた自らのシンクタンク機能に強い自信と自負の念を呼び起こしたに違いない。一九九二年に始まる「雇用戦略」の取組はこの文脈の中で理解されるべきものであり、また、自由主義市場経済の原理でグローバルな市場経済システムの構築を目指す新古典派エコノミストの活動に一層の弾みがついたのも、同じ文脈で理解されなければならない。

一九九一年COMECONは解体され、先述したように一九九〇年代後半には東欧諸国が相次いでOECDに加盟した。世界が自由主義市場経済の原理のもとに束ねられ、世界的な自由競争を通じて市場メカニズムの恩恵に浴しうると考えるグローバリズムは、これからの理想の姿であるようにみえた。

2　新時代の日本的経営

改革プログラムとしての「雇用流動化論」　「雇用戦略」として議論された新古典派経済学の改革プログラムは、様々な形で世界に伝播した。この改革プログラムが、日本において最初に明確な形をとったのは、先に触れた一九九五（平成七）年五月の日経連による「新時代の「日本的経営」――挑戦すべき方向とその具体策」（「新・日本的経営システム等研究プロジェクト報告」）である。公表のタイミングは、

ＯＥＣＤの「雇用戦略」がとりまとめられた後、ＯＥＣＤの対日審査が準備されていた時期とほぼ重なる。

そこでは、「能力・成果重視の人事処遇が求められているが、かりに企業での能力発揮が満たされなかった場合、働く個々人の能力を社会全体で活用するために、企業を超えた横断的労働市場を育成し、人材の流動化を図ることが考えられなければならない」とされた。

この考え方は「雇用流動化論」と名付けることができるだろう。雇用流動化論はＯＥＣＤの対日提案とも相まって、その後、日本の経済学者を席巻し、そのもとで経営者と経済学者が足並みを揃えながら、雇用慣行と雇用政策の改革を推し進めることとなった。一九九五（平成七）年末には政府の経済計画に構造改革の考え方が積極的に盛り込まれ、市場メカニズムを活用して経済の活性化を目指す構造改革論が高まりを見せた。この中で、雇用流動化論は、構造改革論の中心的なプログラムへと位置づけられていった。

市場メカニズムを活かすための雇用慣行と雇用政策の改革

雇用流動化論は、人材を長期安定的に企業内に蓄積していく日本的雇用慣行を改め、企業外の横断的な労働市場、すなわち、外部労働市場において人材の移動を活発化させ、市場メカニズムを活用した労働力配置機能を高めようとするものである。人材を適材適所に配置することができれば、企業にとっても労働者にとっても好都合である。果たして、このようなことが外部労働市場の活用によって可能であるかはさておき、雇用流動化論は転職によるやりがいの実現を訴えることによって、経営者層ばかりでなく、労働者からも一定の支持を受けることと

なった。(4)

〝自社型雇用ポートフォリオ〟の提言

日経連の主張は、日本の雇用形態が三層構造をもつことになるとみなし、その適切な組み合わせによって「自社型雇用ポートフォリオ」の実現を提言したものであった。「今後の雇用形態は、長期継続雇用という考え方に立って企業としても働いて欲しい、また、従業員としても働きたいという長期蓄積能力活用型グループ、必ずしも長期雇用を前提としない高度専門能力活用型グループ、働く意識が多様化している雇用柔軟型グループに動いていくものと思われる。つまり企業と働く人のニーズがマッチしたところに雇用関係が成立する」。「大競争時代を迎え、常に仕事、人、コストを最も効果的に組み合わせた経営が求められている。これからは、経営環境の変化に応じてどの仕事にどのような人が何人必要かといった〝自社型雇用ポートフォリオ〟を検討し、対応していく必要がある」とされた。

日本の雇用には、正社員とそれ以外の者という区別があり、企業が雇用する労働者の構成について論じることは、この報告書が公表された時点においても特段、珍しいものではなかった。日経連の主張のポイントは「高度専門能力活用型グループ」である。すなわち、職業能力の形成やその評価が同一企業での長期雇用を前提としている現実のもとでも、企業内育成を経ずに高度な専門的能力を備えた人材層を形成することができると主張したのである。このような人材は、ある特定の企業で評価されなくても、社会的には十分通用するのであって、企業を超えた横断的な労働市場が形成されることによって、転職も容易になる。そして、そうした人材が層厚く形成されることによって、企業は必要なときに高度な専門能力を備えた人材を外部の労働市場から調達することができる一方、労働者にとっても、企業に隷属せずに、自律性をもった職業生活の実現が図れるというわけである。

問題の構図を理解できなかったナショナルセンター　このように日経連の主張は、日本の雇用の新しい形として、経営者にも、また、労働者にも訴えかけるビジョンをもっていた。ここで問題とされるべきは、そこに提示されたビジョンの実現性であり、その検討の背景にある新古典派経済学の理論構造そのものであった。

ところが、日本最大のナショナルセンター（労働組合の全国中央組織）である日本労働組合総連合会（連合）の雇用流動化論批判は、労働条件の形成という点に絞られ、いかにも視野狭窄であった。連合は、雇用流動化論は総額人件費の抑制をねらうものであるとの視点から、反対の立場を表明した。(5)

雇用流動化論は、市場メカニズムの活用によって日本経済の活性化をねらう構造改革論の雇用部分である。ナショナルセンターとしての連合の反論が賃金論のレベルでの反論にとどまったことから、構造改革論としての雇用流動化論に歯止めをかけられる社会勢力は、日本の中にほとんど見あたらなくなっ

(4) 日本経営者団体連盟「新時代の「日本的経営」」では、日本的雇用慣行の問題として「同質性の高い組織風土が、従業員の自主性、自立性、独創性の欠如や責任の希薄化を生む土壌となているのではないか」、「企業偏重型生活スタイルからの脱却の困難が社会や家庭のバランスを壊しているのではないか」といった論点が書き込まれた。日本的雇用慣行が「会社人間」を再生産しており、真に実りある職業生活を実現するためには雇用慣行と雇用政策の見直しが避けられない、というメッセージは、発表当時、多くの人々の心をとらえるものがあった。

(5) 日本労働組合総連合会「新時代の「日本的経営」論に関する連合の考え方」（一九九五年一〇月）。

てしまった。その後の日本社会は、市場メカニズムによって経済を活性化させるという新古典派経済学の政策論に導かれ、長期雇用をはじめとした雇用慣行の見直し、労働者派遣事業制度の見直し、公的職業紹介制度の見直しなどの議論へと突き進んでいったのである。

3　雇用流動化論の推進勢力

雇用流動化論の思惑と社会解体の危険　雇用慣行と雇用政策の見直し論議の経過から明らかなように、石油危機以降に一応の完成をみた日本型雇用システムに対し、グローバリズムや新古典派経済学の興隆を背景とした雇用流動化論が改革の論理を振りかざすこととなった。日本型雇用システムは、雇用安定機能と人材育成機能を持ち、政労使の努力によって創り出されてきた優れたシステムであった。しかし、現代の経済学が雇用流動化論に一貫して学問的権威を提供し、労働者に対しても、会社人間を脱却し主体的に設計できる職業人生という夢を与えたことから、雇用流動化論は圧倒的な推進力を獲得した。

とはいえ、雇用流動化論それ自体が一応の社会ビジョンであったとしても、その推進勢力には、それぞれの思惑があった。雇用流動化論は、日本社会を統合する論理ではなく、それぞれの勢力の思惑に導かれ、社会を解体する危険をはらむものであった。雇用流動化論に与した社会勢力を、その意図を推察しつつ整理すると、次のようなものであったと見なしうる。

第一に、日経連に大きな影響を及ぼす大企業に雇用流動化に期待する企業が少なくなかった。バブル崩壊後の日本経済において、大企業の多くは、高度経済成長期に大量採用した「団塊の世代」層の処遇に頭を悩ませていた。当時、四〇歳台から五〇歳台へと進むその人口塊の人件費を抑制する手法の一つとして、労働者の排出を円滑に進めるための横断的な労働市場の形成が期待された。この期待ゆえに、一部の大企業は雇用流動化論に与することになったものと推察される。なお、その期待は現実にそのような市場が形成されることよりも、労働者の離職が促進できるような社会的ムードを醸成することが重要であったといえるだろう。また、その際、企業としては離職してもらいたくない中核的な人材を如何に引き留めるかも並行的関心事であり、企業業績が回復すれば、雇用流動化論に与する方針に転換が生じることも十分に予測できた。現に、その後団塊の世代が高齢世代となり、処遇問題を乗り越えていくに伴って、この層の雇用延長が求められるようになっていった。

第二に、職業紹介事業者など民間の人材ビジネスが雇用流動化論を主張した。労働移動の拡大は、これら事業者の売上拡大につながるものであり、雇用に関する規制の緩和と雇用流動化論は事業者の利害にかなうものであった。ただし、人材ビジネスにとっては、職業技能の蓄積が十分でない労働者を対象にした事業には収益性がない。労働者の中で転職のための制度整備が期待され始めると、採算に見合わない公的、社会的な責任を負わされないよう巧みに振る舞っていくことが、これら事業者にとっての必要事となった。

第三に、二〇〇一（平成一三）年一月の中央省庁改革に際して、国の公共職業安定所の機能縮小、民間事業者の事業伸張は、通商産業省の目には所管行政拡大につながる好機と映ったものと思われる。また、国家財政をスリム化し、財政負担を極力抑制するために、大蔵省が規制緩和に協力的姿勢をとったことも影響したと推察される。特に、一九九七（平成九）年の消費税率の引き上げを控え、財政のスリム化に積極的に取り組むことが、税制改革にとっても重要であるとの判断があったと考えられる。財政負担を回避するためにも、ＯＥＣＤの「雇用戦略」が提供した論理は都合が良く、雇用流動化論の立場から構造改革が行われることは、財政構造改革、行政改革にとっても極めて親和性が高かったのである。

第四に、政策検討の場面において、市場メカニズムに強い信認を置く新古典派経済学の発言力が高まったことで、今まで政策提言において活躍の舞台が少なかった論者にとっても追い風となった。もちろん、この背景には、自ら信奉する新古典派経済学の学説が日本経済の停滞傾向を打破する処方箋になると素直に信じたことがあったが、そのような発言の場を様々な社会勢力が提供したことも大きく影響した。

第五に、雇用流動化論を主張する国際的な勢力があった。国際機関が雇用流動化論を提言したことは、それが世界的にみてもグローバルスタンダードなのだという雰囲気をつくり出した。ＯＥＣＤの雇用流動化論は、それを取りまとめたＯＥＣＤエコノミストにとっては、日本の推進論者と同じように理論的で純粋なものであったかもしれない。しかし、そうした理論的基盤のもとで行われた日米構造協議などで、アメリカ側が日本の消費者のために規制緩和を行うべきだと主張したのと同じように、アメリカ資本が日本で自由に事業活動を行えるよう目論んでいた側面もあったと推察される。

第３節　経済学と日本社会

1　経済学と雇用流動化論

雇用流動化論を推し進めた新古典派経済学

雇用流動化論を推進した諸勢力は、それぞれの思惑を持っていたが、新古典派経済学が雇用流動化論という魅力的な社会像を描き出したことは、構造改革の大義名分のもとに諸勢力を結集するとともに、その社会像を実現するための取組に学問的な権威づけを行うことにもなった。このような意味で、雇用流動化論の推進には、新古典派経済学が主流となった現代経済学の存在が大きく、また、現実に行われた構造改革に対するその責任も重い。

雇用流動化論の理論的根拠Ⅰ――「神の見えざる手」への信頼

現代経済学が、日本型雇用システムに対し牙をむき、雇用流動化論を基軸とする構造改革に一貫した支持を与えてきたのには、大きく見て二つの理由がある。まず、第一の理由として、経済運営における「神の見えざる手」に対する思い込みとも言える強い信認である。「神の見えざる手」とは、経済学の始祖アダム・スミスが彼の主著『国富論』で述べた思想であるが、その正当な嫡子である新古典派経済学には、価格調整に導かれる市場メカニズムの資源配分に対する強い信認がある。日本型雇用システムでは、各企業は日本的雇用慣行のもとで、企業の内部で労働者の人員配置や処遇の決定を行うが、それは人事部や企業経営者が自らの主体的判断のもとで行うものである。また、日本的雇用慣行の長期雇用を足がかりに行われる国の解雇抑制的雇用政策も、不況産業から失業を経ずに労働力再配置を行う産業構造調整政策を重視している。これらの特徴を持つ日本型雇用システムは、外部労働市場を活かしてはおらず、したがって、「神の見えざる手」ではなく、「人の見える手」によって資源配分を行っている。現代経済学は、このような日本型雇用システムの特質そのものに嫌悪感を持っているものと疑わざるをえない。

雇用流動化論の理論的根拠Ⅱ――人手不足下での労働者保護不要論

現代経済学が雇用流動化論を支持し

てきた第二の理由には、人口減少下にある日本社会では、失業の危険が減り大胆に規制緩和を行うことができるとの見極めがある。人口が減少する社会は人手不足基調で推移するため、労働者側に交渉力がついてくる。そうなれば労働者保護の観点から整備された労働法などによる各種規制は次第に不要となり、横断的労働市場での資源配分機能も有効に働くだろうと考えるのである。一九九五（平成七）年一二月に策定された政府の経済計画「構造改革のための経済社会計画」は、市場メカニズムの発揮や規制緩和の推進を謳っているが、経済審議会はその具体化のための検討を行い、翌年一二月には経済審議会建議として「六分野の経済構造改革」を公表した。ここでも、労働分野は規制緩和の対象とすべき主要六分野の一角を占めている。[6]建議では、この分野での規制緩和が必要な理由として、今日の経済発展段階においては労働者保護を図るべき労働力供給超過の状況が解消していること、特に、若年層や専門的・技術的職業において労働力不足基調に転じていることが挙げられている。

このように現代の主流派経済学は、市場メカニズムへの信認が厚く、しかも、人口減少経済を人手不足経済とみなしていることから、人口減少に転じた日本社会では、厳しい労働規制は不要になると見越しているとみて差し支えなかろう。[7]

2　雇用流動化論の顚末

雇用における正規と非正規の所得格差　雇用流動化論の高まりによって、日本的雇用慣行を否定的にとらえる風潮が強まり、雇用のあり方にも様々な変化が生じた。その変化は、必ずしも新古典派経済学者が意図したようなものではなかったが、企業にとっては人件費の抑制に資する賃金・労務管理制度の見直しを大胆に進めることに役立った。そして、これらの変化は、日本社会全体としてみると、雇用システムを持続的に運営していくという観点からは、大きな問題をはらむものであった。

まず、これらの変化の第一として、長期雇用慣行のもとにある正規の職員の絞り込みが行われた。正規雇用者は一九九七（平成九）年をピークに減少を始めた。雇用者に占める正規雇用者の割合は、一九九一（平成三）年には八割を超えていたが、その後、継続的に低下し、二〇〇三（平成一五）年には七割を切った。一方、パート、アルバイト、派遣社員、契約社員などと呼ばれる非正規雇用者は、継続的に増加を続けている。先述のように、日経連が主張した「自社型雇用ポートフォリオ」の考え方では、①正規の職員として長期雇用の中で技能形成が図られる「長期蓄積能力活用型グループ」と②パート、アルバイトなどの「雇用柔軟型グループ」との間に、③企業での職業能力開発によらず、自ら専門技能を磨き、横断的労働市場で転職していく「高度専門能力活用型グループ」が形成されることとなっていた。しかし、現実には、そのような企業外での高度な能力形成は難しく、日本の雇用は、正規雇用と非正規雇用の二つに分かれ、非正規雇用が増加することとなった。また、この影響は、特に、新規学

（6）経済審議会建議「六分野の経済構造改革」（一九九六年一二月）では、規制緩和を行うべき主要六分野として、①高度情報通信、②物流、③金融、④土地・住宅、⑤雇用・労働、⑥医療・福祉、がとりあげられた。

（7）経済審議会を運営した経済企画庁のエコノミストの一人は自著において「労働力人口の減少によって労働力人口あたりの成長率は高くなる。労働力不足が圧力となって、これまで実現できなかった改革が進むからだ。一人あたりの所得の拡大には規制緩和や公的部門の改革を必要とするが、それは大きな苦痛をともなうわけでもない。規制産業にしがみつく人びとの数が人口減少によって少なくなってしまうからだ」（原田泰『人口減少の経済学――少子高齢化がニッポンを救う』（二〇〇一年、ＰＨＰ）と記している。

卒者など若年層で顕著に表れ、雇用形態の違いを通じて、若年層での所得格差を拡大させることとなった。

業績・成果主義に伴う男性壮年層の賃金格差

次に、第二の変化として、日本型雇用システムに対する批判が高まる中で、企業での勤続年数に連動して賃金が高まる年功序列型賃金制度も批判され、労働者一人ひとりの業績や成果に応じて賃金を決定する業績・成果主義を導入する企業が増加した。この点に関しては、従来より日本の賃金制度に一般的にみられた職能資格制度は、労働者の配置、育成、評価を通じて長期的に職務遂行能力を把握し、賃金に反映したものであることから、日本の賃金が年齢によって単純に決まる年功型賃金であるとみなす理解は、もともと皮相的なものであったと言える。しかし、この職能資格制度を塗り替える形で業績・成果主義を導入した企業も少なくなく、四〇歳台から五〇歳台にかけての大卒の男性正社員層の間で大きく賃金格差を拡大させ、この層の仕事への意欲を低下させるという事態が生じた。

階層間格差の固定化の危険の高まり

さらに、第三の変化として、これらの格差は日本社会において固定的なものに転化していく危険を高めていることである。非正規雇用に一度陥ると職業技能を高める機会は著しく減り、賃金もほとんど上がらないため、年齢とともに、正規雇用の者との間で所得格差が拡大する。また、業績・成果主義によって親世代での格差が拡大する中で、子どもの教育にかける支出の格差も拡大しており、階層間格差が次世代に引き継がれ階層間の固定化が進む危険も高まりつつある。

3　経済学と経済政策

失われつつある経済社会の持続性　雇用流動化論は、労働の分野にも市場メカニズムを活用することによって、日本の経済・社会の活性化をねらったものであったが、若年層での非正規雇用の増加によって入職初期の技能形成の機会を奪い、日本の職業能力形成システムを脆弱なものとしてしまった。また、業績・成果主義によって年功賃金を見直したことで、中間層の所得形成の仕組みに打撃を与えるとともに、この層に過度な職場競争を持ち込み、仕事と生活のバランスを損ねている。

現代経済学は、一貫して構造改革を支持してきたが、その結果、社会のいたるところに経済優先の考え方がはびこり、労働者の職場での働きがいが奪われ、さらに、家庭や地域社会での秩序や安心感を蝕み始めている。このままでは、日本社会は優れた人材を生み出すことができなくなり、期待した経済的な成果の実現もできないだろう。

要するに、現代経済学の主流派が提供する社会観とその政策論は、現代日本社会の現実から著しくずれているのである。そして、そのような学派が、経済政策において一大勢力を形成したことによって、誤った政策が現実社会に幅広く適用され、今、社会の持続性自体が失われるという危険に遭遇しているのである。

過てる経済学と過てる経済政策の相互関係　このような問題をはらむ、経済学と経済政策の関係を素描してみると図2（次頁）のように示すことができる。まず、経済学には、大きく分けて二つの経済理論がある。市場経済の調整能力に強い信認を置く経済学と、政府による有効需要の調整を重視する経済学

図2　経済学と経済政策

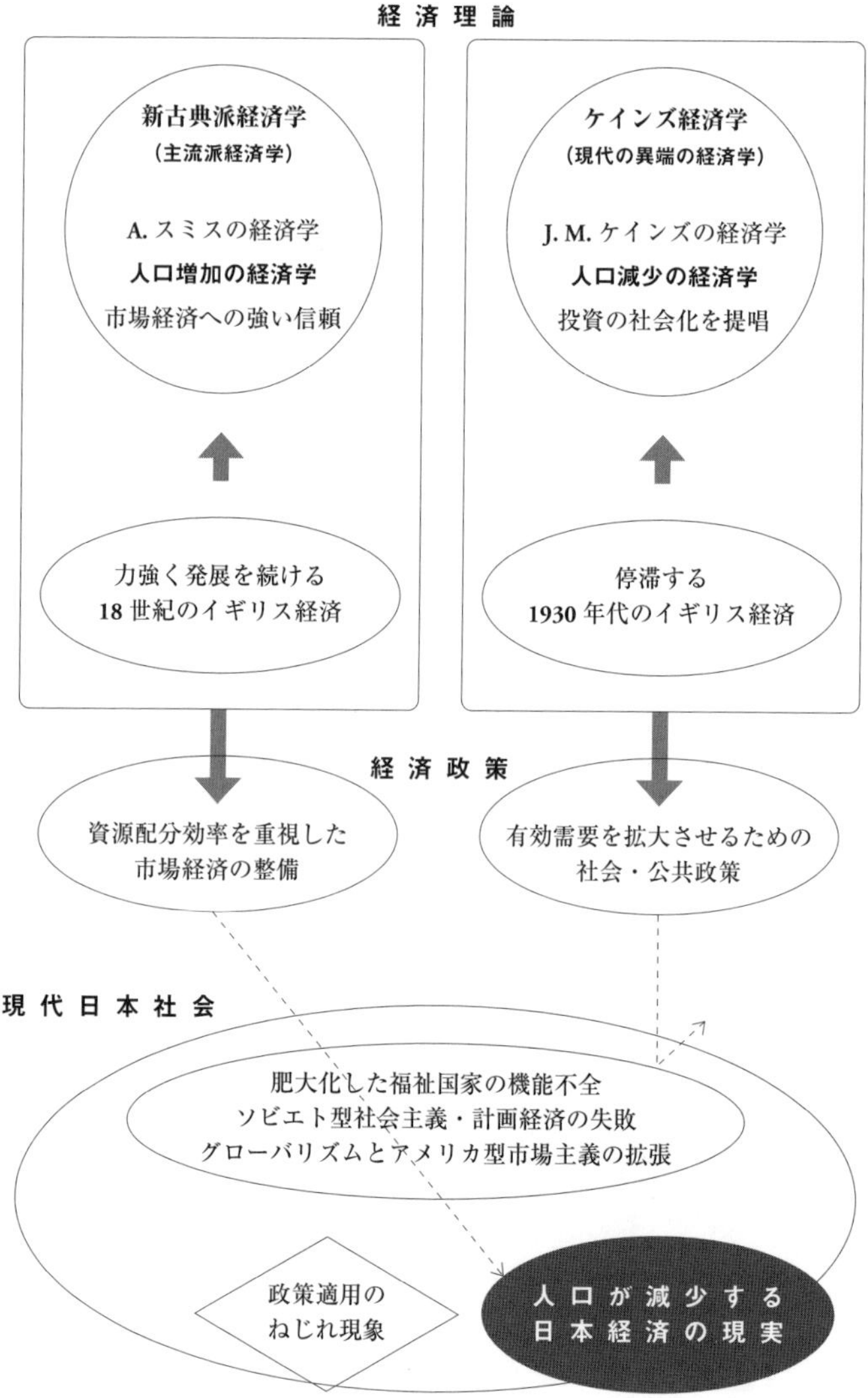
経 済 理 論
新古典派経済学
（主流派経済学）
A. スミスの経済学
人口増加の経済学
市場経済への強い信頼
力強く発展を続ける
18 世紀のイギリス経済
ケインズ経済学
（現代の異端の経済学）
J. M. ケインズの経済学
人口減少の経済学
投資の社会化を提唱
停滞する
1930 年代のイギリス経済
経 済 政 策
資源配分効率を重視した
市場経済の整備
有効需要を拡大させるための
社会・公共政策
現 代 日 本 社 会
肥大化した福祉国家の機能不全
ソビエト型社会主義・計画経済の失敗
グローバリズムとアメリカ型市場主義の拡張
政策適用の
ねじれ現象
人 口 が 減 少 す る
日 本 経 済 の 現 実

である。前者は、現代の主流派経済学であり、新古典派経済学と呼ばれるが、その思想的源流はアダム・スミスにある。一方、後者の経済学は、J・M・ケインズに思想的な源流をもつ。経済政策を生み出すための理論的体系を提供する経済学は、大きく分ければこの二つの理論を軸として政策論争を行っているが、今日、一方の新古典派経済学ばかりが大きな勢力を築いているところに問題がある。

経済学は、その生まれた歴史や社会を背負って生きている。現代社会に過去の経済研究の成果を活かそうと考えるのであれば、経済理論を美しく磨き上げることの前に、その歴史的、社会的背景を正しく知るよう心がけなくてはならない。

まず、アダム・スミスの経済学は、人口が増え植民地も広がるなど、市場の拡大を通じて力強く成長する一八世紀のイギリスをみて創り出されたものである。経済活動を拡張させるための契機はいたるところに転がっており、政府支出などの無駄な出費はやめて、新たな成長分野へ冒険的な投資を繰り返すことが社会的に有意義なものとして認められた時代である。そこでは、高い経済成長のもとで多少の失敗は帳消しにされた。これが、スミスが「神の見えざる手」の例えによって市場経済に高い信認を与えた時代の雰囲気だったのである。一方、ケインズの時代は、人口増加率が鈍化し、植民地の割拠は世界戦争を引き起こすまでに進み、海外市場の拡張も限界を迎えていた。企業の投資支出は減退し、政府による有効需要の喚起が新たな課題となったのである。

歴史的転換を踏まえた経済学と経済政策の構築に向けて

人口減少社会に突入した日本社会が、ケインズの理論に学ばねばならないことは明らかである。ところが、二〇世紀末に生じた様々な事態や事件によって、政府による資源配分の権威は低下し、かわりに、市場の見えざる手に対する期待を不用意に高めることとなった。経済学はその社会風潮に流され、経済学派内部での内向きな討論に埋没していくことによって、新古典派経済学を現代経済学の主流派に押し上げてしまうという退行現象を発生させた。

第Ⅰ部「転換期の日本社会」で論じてきた歴史認識をもって新たな経済思想を創造していこうとするならば、現代経済学の持つ問題性を論ずることが不可欠となる。それは、経済学の変革と新たな理論の創造へとつながっていくものである。

第Ⅱ部　経済学と経済思想

第1章　現代経済学の主張

現代経済学では、新古典派経済学がその主流の位置を占めている。今日の経済政策に、市場メカニズムを活用し経済活性化を図る構造改革の考え方が色濃く投影されているのは、経済学派の与えている影響が大きい。

新古典派経済学の論理に導かれた構造改革論は、雇用・労働分野では雇用流動化論の形をとり、その興隆に伴って日本社会は、雇用慣行と雇用政策の見直しへと突き進んだ。構造改革はバブル崩壊以降、特に、一九九六（平成八）年一月に発足した橋本内閣の頃から盛んに議論されるようになったが、一九九七（平成九）年四月の消費税率の引き上げを控え、できるだけ財政をスリム化し、民間の活力を引き出す改革が望まれたことが推進の契機となった。

このような時代を経て、構造改革は、いよいよ経済政策の主要な論点へと登り詰めた。ところが、経済政策を運営する立場からすると、それは大変やっかいなものでもあった。構造改革の概念は極めて経済学的なものであり、経済学の知識を持たない多くの国民にとっては決して分かりやすいものではなかった。このため、構造改革の推進派は、政治的に苦心した。

構造改革は、行政の各種事業の縮小、廃止を伴うが、そこから直接・間接の恩恵を得てきた人々にとっては痛みを伴う。本来、このような改革を推進するには、その内容と改革の必要性とを明示することが手順であった。しかし、そのようなことは行おうにも行えなかった。なぜなら、構造改革は、新古典派の考えに立って市場メカニズムを活かそうということに尽きるのであって、改革の行き尽くした先に何があるのか、その社会ビジョンを語ることができないからである。もともと、新古典派経済学と「神の見えざる手」の思想とは、そうしたものなのだ。したがって、構造改革の推進は、現状を放置し改革を行わないことが将来社会にとって如何に危険なことなのかを言いつのる、キャンペーンにならざるを得なかった。

このような政治的苦心によって開始された構造改革にとって、最大の難関は、格差が拡大しているという批判であった。本来、国民の生活を守り豊かさを増進させることを使命とする政治が、構造改革を理由に格差や貧困の拡大を放置しているというのでは許されない。しかも、構造改革自体が格差を拡大させているとの批判も出てきたのである。

苦境に陥った政治に対し、またしても、見事な救いの手をさしのべたのは、新古典派経済学であった。現代日本社会にみられる格差指標の数値的上昇は見せかけのものであり、格差社会の主張は幻想にすぎない、というメッセージの創出に成功したのである。新古典派は、構造改革の政策論を提供したばかりでなく、構造改革論の批判に対しても有効な反論を繰り出し、この功績をもって、現代経済学主流派として、圧倒的で不動の地位を獲得するにいたったのである。

この第1章では、格差をめぐる論争を振り返り、現代経済学が日本経済と国民生活をどのようにとらえ、また、どのような方向へ導こうとしているのかについて、その理論構造に踏み込んで考察する。まず、第1節「格差をめぐる論争」では、労働経済学や社会学の分野において戦わされてきた格差論争を整理する。次に、第2節「経済学の主流派の形成」では、新古典派経済学の立場からの分析が、経済論壇において圧倒的な力を得るとともに、構造改革の推進を支え続けた過程を分析する。最後に、第3節「現代経済学の社会哲学」では、現代経済学が主張する格差社会幻想論を詳細に検討し、その持つ問題性について考察する。

第1節　格差をめぐる論争

1　労働経済学における論争

扇情的に格差社会を描き出した問題の著書

一九九八（平成一〇）年、橘木俊詔『日本の経済格差――所得と資産から考える』が出版された。ここでは、所得と資産について、国際比較と時系列比較が行われ、国際的にみて日本の格差は大きく、また、その格差は歴史的にみても拡大していると主張された(1)。

日本では、一九九七（平成九）年四月に消費税率が引き上げられ消費需要が減退し、同年の夏ころから始まったアジア通貨危機が重なり、厳しい経済後退が発生していた。こうした中で、このようなセンセーショナルな著書が発表されたことは、多くの人々に衝撃を与え、いやがおうにも社会不安をかき立

（1）巻末資料二三一頁に橘木俊詔『日本の経済格差――所得と資産から考える』（一九九八年、岩波新書）の内容を要約。

てた。しかし、後になって明らかになるが、この著書の統計利用の方法や分析手法には著しい欠陥が含まれていた。また、冷静になって考えてみると、労働立法や社会保障制度を発展させてきた日本社会が、アメリカンドリームの社会と比べて格差が大きいという橘木説は常識的に考えてもおかしな結論であった。

統計的・計量的視点に偏った格差論争

所得格差拡大の問題提起が、より大きな格差指標を提示し、世の中を驚かすものとして開始されたことは大変、不幸なことであった。このような方法で論争が開始された労働経済学では、その論争は、数量的・計量的なものとならざるをえなかった。

二〇〇〇（平成一二）年、日本労働研究機構の『日本労働研究雑誌』七月号に掲載された大竹文雄「九〇年代の所得格差」は、橘木俊詔『日本の経済格差』の統計的な誤りを正確に指摘した。所得格差の日米比較に用いられた所得は、日本の場合は公的年金の受け取りを含まない所得再分配前のものであり、アメリカの場合は所得再分配後のものであったのだ。国際比較を行うのであれば、所得再分配がなされる前の当初所得で比較するか、あるいは、所得再分配後の所得で比較するか、一応は所得概念の統一を行ってから国際比較しなくてはならない。厳密な意味での所得概念の統一は不可能であるとしても、統計の概念的な検討がなされなくてはならず、この研究上の不備が問題点として指摘された。

所得概念の一応の統一を行って、改めて国際比較を行えば、日本の所得格差は先進国の中で中くらいであると推察され、もちろん、アメリカのものよりは小さい。

あわせて、所得格差を示す指標（ジニ係数）が、日本において上昇しているのは、所得格差が相対的に大きい高年齢者世帯の割合が、日本の人口高齢化の中で上昇しているからだということも指摘された。これらの統計的・計量的な研究の集大成が一書にまとめられ出版されたのが、大竹文雄『日本の不平等――格差社会の幻想と未来』(2)であった。

労働経済学の限界の露呈　明治以来の日本の労働問題研究は、もともとは社会政策論や人口論として展開されたが、昭和三〇年（一九五〇年代半ば）頃に労働経済学へと分化した。政治的な主張も含み対立の激しかった社会政策の論争から離れ、労働経済学は、研究対象を検証可能な統計的・計量的なものへと絞り込み、検証手法の精緻化を推進した。格差論争は、労働経済学のこの検証スタイルを一気に完成の域にまで押し上げた。そのこと自体は、労働経済学の発展と言えば言えたが、しかし、同時に労働経済学の限界を露呈させるものでもあった。すなわち、労働経済学の論争は極めて統計的・計量的なものであり、現代日本社会に現に存在する格差とその社会的な課題を明らかにするという点では、ほとんど何らの貢献はなかった。

2　社会学の分野からの論点整理

山田昌弘『希望格差社会』による問題提起　労働経済学の格差論争を尻目に、独自の感性から鋭い問題提起を行ったのは山田昌弘『希望格差社会』であった。若年労働者に正規の仕事に就ける人とフリータ

（2）巻末資料二三一頁に大竹文雄『日本の不平等――格差社会の幻想と未来』（二〇〇五年、日本経済新聞社）の内容を要約。

ーなどの不安定就労に落ち込む人の格差が生まれており、展望を持てない若者が、今後、有意な社会的参加を行うことができず、日本社会の「不良債権」と化し、社会の不安定要因になると予測し、すみやかなる対応の必要性を訴えた。また、こうした事態の背景として、グローバル化やＩＴ化に伴う中核的労働と単純労働への二極化の傾向が指摘された。(3)

この書物は、現代日本に生じている事態の説明と政策論的な方向性を示すことに成功し、若年雇用対策の必要性を訴える問題提起の書となった。しかし、労働の二極化については、事実指摘にとどまり、事態を容認する風潮をつくり出しつつ、その原理を解き明かすまでには至っていない。(4)

佐藤俊樹『不平等社会日本』による問題提起

日本では、一九五五（昭和三〇）年以来一〇年ごとに、社会学者の協同的取組として、社会階層と社会移動に関する調査が行われている。社会学者の佐藤俊樹は、一九九五（平成七）年の戦後第五回目の調査成果を独自の視点から『不平等社会日本』にまとめた。そして、社会移動の閉鎖性が強まっており、高学歴者は親の世代からの学歴の蓄積を継承していると主張した。また、高度情報化の進展により知識社会が生み出されつつある中で、高学歴の社会階層の形成は、経済的格差の拡大へと直結していく危険を的確に描き出した。さらに、社会に広がる市場競争志向や実力主義の傾向が、高学歴層への富の集中を正当化する方向に作用するという社会分析を展開した。(5)

格差論争は、橘木俊詔『日本の経済格差』によって衝撃的に開始されたが、それに遅れること二年、かりに、佐藤俊樹『不平等社会日本』から論戦が開始されたのであったなら、日本の格差論争は、論戦の構図もかなり異なり、また、良質な論争として豊かな政策論議をもたらしたかもしれない。佐藤説の傑出した特徴は、まず、戦後社会学の歴史と伝統の上に、論戦の構図を据えたことだ。さらに、知識が重視される社会へと移行していく中で、今後の格差の拡大が、教育や学歴を媒介として進行していくことを的確に見抜いている。このことは、橘木説が、所得格差と資産格差に特に注目し、遺産の相続をめぐる格差拡大の関係を執拗に追ったことと著しい対照をなしている。佐藤説は新しい現実を語ったのであり、先回りして人々に注意を促したが、橘木説はいわば大衆の欲するところに導かれ、人々の頭の中にある過去の構図に、都合の良い数字を放り込んだのだ。どちらの仕事が大衆に歓迎されるかは火を見るよりも明らかであった。ただし、大衆受けする仕事は、一時の力を得ても、いつかは主流派によって鎮圧され無法の反乱に終わる宿命にある。

3　懸念される研究の保守化傾向

SSM主流派の佐藤説批判

先に述べた社会学の「社会階層と社会移動全国調査」（いわゆるSSM調査）は、多数の社会学者による共同作業であり、佐藤説による右の解釈はその一つに過ぎない。したがって、社会学者の共通の理解となっているわけではない。むしろ、一九九五（平成七）年のSSM調

（3）巻末資料二三一頁に山田昌弘『希望格差社会――「負け組」の絶望感が日本を引き裂く』（二〇〇四年、筑摩書房）の内容を要約。

（4）情報通信技術が現代の労働過程に及ぼす影響については、「基礎情報学」の研究成果を活用することができる。現代の労働がメタ労働と単純労働に分解する過程については、「逆行する時代の流れ」（六八〜七一頁）を参照。

（5）巻末資料二三〇頁に佐藤俊樹『不平等社会日本――さよなら総中流』（二〇〇〇年、中公新書）の内容を要約。

査を組織的に代表する人物からは手厳しい批判を受けてさえいる(6)。ただし、その批判の内容は、調査を代表するという権力的な立場からのものであるように感じられ、階層閉鎖性と格差の拡大を指摘した佐藤氏の新しい分析装置が、ただ「新しい」というだけで批判されているようにみえる。批判のポイントはその新しい分析装置が佐藤氏独自のものであり、ＳＳＭ調査を代表するものではないということにつきる。

大切なことは、佐藤説の問題提起を受けて、一九九五年調査にみられる新しい傾向がその後どのように展開していくかであり、その事実観察の中から、論争を深めていくことが求められる。ＳＳＭ主流派が、「社会階層と社会移動全国調査」を今後、どのように運用していくか、そして、格差の拡大、格差の固定化という社会的懸念に対し如何なる貢献を行うことができるのか、学問が本来持つ、その社会性が厳しく問われることとなろう。

組織的に行われてきた大規模調査の結果を、佐藤俊樹という一人の若い研究者が主体的に分析し、その成果を人々に分かりやすく示したことは、日本の社会科学発展史に重要な一ページを刻み込んだ。

高学歴化が推し進める市場主義と実力主義

佐藤俊樹『不平等社会日本』は極めて巧みな作品であり、この問題提起によって主流派からの批判にさらされることは十分に見越していたようだ。そして、高学歴化がもたらす危険を描き出したこの論考は、作品に何とも言えない深い味わいをもたらしている。

高度情報化社会では、情報を処理する知的能力が経済的な富の創造に決定的に重要な役割を果たす。広く情報を集め、問題を発見し、解決方法をさぐるという能力は、二一世紀の社会にとって不可欠な能力である。それだけに、こうした知的エリートの世代間再生産が強まれば、収入や地位の格差はますます開いていくこととなろう。

教育に多額の費用が必要な現実を目のあたりにすると、親が子に施すことのできる教育機会の差を通じて階層閉鎖性が高まることは、十分に起こりうるシナリオなのだが、知的エリートは、現在の自らの収入や地位を正当化する論理も生み出している。ここに社会の保守化が進行する危険が内包されている。

知的エリートは、その地位を獲得するまで、高い学歴を目指し、また、組織にあっては昇進の努力を行う。学歴にせよ昇進にせよ、必ず、本人の努力という回路をくぐるのだ。この種の努力なるものは、決して本人によるものだけではなく、家族や社会の支えがあってこそのものなのだが、今日、高い学歴や高い地位にある者は、実力主義に傾いているように見える。学歴の回路をくぐることで、自分の得た地位を自分の力によるものだと思うことができる。自分の地位を実力主義で正当化し、その地位につけなかった者を、実力がなかったからだとみなすことができる。ここに学歴社会の魔力がある。そして、自由な市場競争のもとで、実力によって地位を獲得していくという思想が、現代の経済活動の中心的な原理に据えられることとなる。それればかりではない。市場主義や実力主義を強める学歴社会は、学歴社会を生み出す大学世界にも投影されるだろう。学問の社会性や創造性を守るために、大学が、市場競争や実力主義と距離を置くことができるのか、そして、独自の学問的な価値観を守り抜くことができるのか、現代日本社会は重大な岐路にさしかかっている。

（6）巻末資料二二九頁にＳＳＭ主流派による佐藤俊樹『不平等社会日本』批判として盛山和夫「階層再生産の神話」の内容を要約。

第2節　経済学の主流派の形成

1　格差論争の顚末

格差社会幻想論の勝利　格差論争の構図は、労働経済学の分野では橘木説対大竹説、社会学の分野では佐藤説対盛山説の概ね二つの構図があったが、橘木説の持つ大衆性ゆえに、論戦の構図は、前者の橘木説対大竹説が主軸となり、時間の経過とともに、橘木説の誤りが理解されることによって、大竹説が圧倒的な勝利を収めることとなった。

しかし、大竹文雄『日本の不平等――格差社会の幻想と未来』は、格差の統計的・計量的な算定の論争の産物であり、その主張は、労働経済学が用いる格差指標の上昇の多くは格差が相対的に大きい高齢世帯の増加によって説明できる、と述べたものに過ぎない。逆に言えば、この要因以外にも格差の拡大要因が存在していることを否定するものではなかったともとれる。一方、人々が真に知りたかったこと、あるいは、本来、政策対応上必要であった情報とは、正規・非正規などの就業形態の変化や企業が導入した業績・成果主義がどの程度の格差拡大をもたらしているのか、さらには、子弟の教育を通じた階層閉鎖性は本当に強まっているのか、というものであったろう。

ところが、統計的・計量的分析に終始する労働経済学の論戦の方向性は全く異なっていた。そして、その枠組みの中では、橘木説は正確な統計的・計量的基盤を有しておらず、格差をめぐる労働経済学の論争では大竹説が圧倒的な勝利を収めることとなったわけである。

2　経済論壇の一方的な展開

格差社会幻想論を称揚した経済論壇　社会の総合的分析へと向かうべき格差論争が、「格差社会の幻想」という副題を持つ書物によって結末を迎えたことは、経済面の世論形成にも大きな影響を与えた。この書物によって展開された内容は、格差社会幻想論と名付けて差し支えないであろう。そして、日本の経済論壇は、この論を一方的に称揚したのである。

まず、主流派の労働経済学者が、格差社会幻想論に次々と賛意を示した。そして、二〇〇五（平成一七）年度には、この書物に数々の賞が立て続けに与えられることとなった。[7]さらに、日本の大方のエコノミストが格差社会幻想論を称揚したことは、この説により大きな推進力を与え、ついに内閣府の経済的判断として採択されることにもなった。[8]

3　格差社会幻想論と日本社会

主流派経済学の地位を占める格差社会幻想論　日本社会は、約一〇年の間、格差をめぐる論争を展開してきたが、格差社会幻想論をもって論争は終結した。

日本社会に格差が存在することも、また、非正規雇用者の増加、あるいは業績・成果主義的な賃金制度の導入によって賃金格差が拡大していることも事実である。そして、子弟の教育に悩む親世代に教育費負担がのしかかる中で、社会階層の固定化の危険も高まっているようにみえる。

（7）巻末資料二二八頁、「大竹文雄『日本の不平等――格差社会の幻想と未来』の社会的評価」を参照。

（8）巻末資料二二八頁、「内閣府の経済的判断」を参照。なお、関連すると思われる資料を併せて収録。

しかし、格差をめぐる経済学の論争は終結をみた。その結論とは、要するに、格差の拡大は、社会的にみて大した問題ではないということであった。人々が肌身に感じる格差の拡大傾向は、ジニ係数という格差指標にすり替わった。そして、確かに格差指標は大きくなっているが、そのほとんどは人口構造の高齢化によって説明されるとの解説を受け、多くの人は矛を収めてしまった。

経済問題を分析し検討するためには、経済学という道具を用いる必要があるが、格差社会幻想論が現代経済学の主流の位置を占める限り、日本社会にとって格差は大した問題ではないというメッセージが再生産され続けるだろう。

時代精神へと登り詰めた現代経済学

新古典派経済学に導かれた現代経済学は、日本社会に市場メカニズムを活かす構造改革という政策論を提供したが、同時に、そこに生じている格差に関する社会認識の形成に貢献したことによって、現代の時代精神へと登り詰めた。

自由主義市場経済のもとで、人々は競い合い、成功によって高い所得を得る人も、失敗によって所得を失う人も出てくる。しかし、それでも市場メカニズムの原理のもとに、明日も経済活動が続かねばならない。実力主義の立場に立つ人は、大衆が市場メカニズムによって生じる現実を受け入れるよう期待している。現代経済学は、格差論争を通じて、そのための社会哲学を日本社会に提供したのである。

第3節　現代経済学の社会哲学

1　機会の平等と結果の不平等

結果として生じた格差は受け入れよう、というメッセージ　格差社会幻想論は、新古典派経済学に主導された現代経済学の社会哲学である。ここで改めて、大竹文雄『日本の不平等――格差社会の幻想と未来』の記述を吟味し、格差社会幻想論のメッセージを読み取ってみよう。(9)

まず、格差社会幻想論は、結果として生じた格差は受け入れよう、と訴えているように見える。

同書には、「宝くじ」のたとえが出てくる。そのたとえとは、こうだ。まず、若い世代は「宝くじ」を買ったばかり。一方、高齢層世代は「宝くじ」の当選が決まった世代である。当然、宝くじの当選が決まれば、償金を得た人と外れた人との間で、大きな所持金の差が生まれる。

格差のほとんどない若年層、格差の大きい高齢層という構図が生まれる。そして、宝くじの当選が決まった世代が増加すれば、全体の不平等も大きくなる。そして、このたとえが、社会生活に適用される。すなわち、様々な不確実性が確定した高齢層の間で格差が大きいのは「自然なこと」であり、若い世代が多かったときに平等にみえたのは「みせかけ」であり、さらに、高齢世代の増加で「元来の不平等」が表に出てきいるだけだ、というのだ。

これは、機会の平等が確保されることは重要だが、経済活動によって生じた結果の不平等は受け入れ

（9）巻末資料二二七頁、「「格差社会幻想論」をどう読むか」を参照。

るべきだと言っているものと思われる。結果として生じた格差は受け入れよう。なんとなれば、日本は、自由主義市場経済の国なのだからだ、ということであろう。

2　リスクテイクとリスク管理

運とあきらめるよりリスクを管理しよう、というメッセージ

格差社会幻想論は、日本の格差の拡大は高齢化による人口構造要因が大きく、格差の拡大はみせかけだと論じている。しかし、現代日本に生きる人々は格差の拡大を肌身に感じている。それでは、なぜ、日本人は、大した問題ではない格差のことを、かくも大きな問題としてとらえるのだろうか。格差社会幻想論は、こういう問いを創り出した。そして、これに解答を与えることが知的なパズルを解くことだと語り、知的エリートに満足感を与えるまことに高尚なおとぎ話めいた世界を繰り広げた。

そこで出てきた問題提起が、日本人は、所得格差は能力や努力によってではなく、運で決まると思っているのではないか、というものである。所得の高低が結局は運に左右されるなら、結果として生じた格差はなかなか受け入れがたい。ならば、能力や努力によって高い所得を得ることができる実力社会に組み替えることが必要だという話しになる。

また、日本人の精神性が取り上げられる。リスクをとって高い所得を実現しようとする気概が乏しいというのであろう。そして、おもしろい分析が登場する。天気予報である。天気予報の降水確率が何％以上の時に傘を持って出かけますか、と言って調べてみると、降水確率が低くても傘を持ち歩く人が少なからず存在する。このような人は「危険回避度」が高い人だ。格差社会幻想論では、危険回避度が高

い人は所得格差が将来拡大することを心配し、格差問題への関心がかき立てられるという心理分析が紹介されている。

現代には誰もが活用できる情報として天気予報がある。天気予報の情報を活用し身軽に活動的になった方が良いでしょう、こう言いたいのであろう。経済活動におけるリスク管理術として、経済学をしっかり勉強し、格差の問題などあまり気にせず、積極的な経済活動に心がけましょう、ということになりそうである。格差社会幻想論には、現代経済学主流派として、経済学に対する高い自負心が現れていると思われる。

3　労働市場の非伸縮性を改めよう、というメッセージ

それでは、一体、日本社会が取り組むべき課題は何なのだろうか。格差社会幻想論は、経済学をしっかり学びましょう、と言った後、日本型雇用システムを解体し、労働力の配分も市場調整メカニズムに任せましょう、と言っているように見える。なぜなら、格差社会幻想論は、新古典派が教える非伸縮的賃金によって生み出される失業について言及しているからである。新古典派は、労働市場で賃金調整が進まず賃金が下がらなければ、企業の労働力需要が十分に実現せず、失業が発生すると主張する。失業を吸収できるところまで、賃金を下げなくてはならないというのが新古典派の労働市場論なのである。ところが、日本の雇用慣行は長期雇用である。企業に雇われている労働者の雇用と賃金は守られる。そこで、新古典派は言う。このもとで失業が増えれば、雇用者と失業者の格差は拡大することとなるだろうと。長期雇用慣行のもとでは、景気の悪い時には企

業は入職抑制し、失業者と雇用者の格差は拡大する。新古典派は、ここに問題を見出しているのである。

格差社会幻想論は、新古典派の正統な流れをくみ、市場調整メカニズムの結果として生じた格差は受け入れよう、そして、市場調整メカニズムが働かないことから生じる格差こそ、社会が取り組むべき課題なのだ、そういうメッセージを創り出しているようにみえる。このように考えれば、市場調整メカニズムを活かす構造改革によって、格差問題を解決していくという発想に立つこともできるだろう。

第2章　経済学の歴史と思想

市場メカニズムに高い信認を置く新古典派経済学の思想的源流は、アダム・スミスの予定調和観と「神の見えざる手」にある。その時代認識は、個人が自由な経済活動を繰り広げることで、社会全体が豊かになるというものである。

一八世紀後半、成長の勢いを増すイギリス経済を背景に、スミスは『国富論』を著した。それから、二〇〇年以上が経過した現代日本社会において、スミスの精神は時代精神としてますます勢いを増し、構造改革という名の経済運営を主導している。

まず、規制緩和によって市場メカニズムを発揮させ、企業家精神を発揚することが目指されている。また、日本企業にみられる長期雇用慣行を見直し、労働移動を通じた市場での労働力配分機能を活かすことが重視されている。さらに、冷戦終結後、グローバルに拡張する世界市場に積極的に参加し、市場競争を通じた富の増進に期待がかけられている。

このような市場メカニズムを重視する経済思想は、経済学の歴史的展開の中で現れた思想史的側面の或る一面のみが強調されたものである。

経済運営をめぐる経済思想は、経済学の歴史から鳥瞰することができる。経済学は、スミスの『国富論』（一七七六年）を始祖に持ち、J・M・ケインズの『雇用・利子および貨幣の一般理論』（一九三六年）によって変容を遂げ、今日に至っている。両書の性格を歴史的に考察すれば、『国富論』は、市場経済における自由な資源配分に強い信認を置いた経済学であり、『一般理論』は、自由放任の弊害に対する政府機能の強化を主張した経済学である。二つの経済学は、それぞれの時代の中で、政府による経済政策など国家の経済運営に大きな思想的影響を及ぼしてきた。

今日、日本の経済運営には新古典派経済学が大きな影響を及ぼしているが、その思想的な源流は『国富論』であり、それに対峙する『一般理論』の思想的牽制はほとんど効いていない。経済学説の歴史的展開を無視し、片方の経済思想だけが暴走し、経済運営を一方的に偏らせる状況が生まれている。

それぞれの経済学には、成立の歴史的背景がある。日本社会における経済学の活用にあたっては、日本社会の特徴や歴史的状況に配慮し、また、適用する理論の性格を十分に理解した上で行われることが不可欠である。

この第2章では、スミスとケインズの経済学をもとに、経済学の歴史背景や、それを踏まえた経済理論としての性格について検討する。まず、第1節「スミスの時代とケインズの時代」では、スミスの時代が人口増加と市場拡張の時代であり、ケインズの時代が投資機会の飽和の時代であったことを振り返り、その歴史的状況が、それぞれの理論に色濃く投影されていることを見る。次に、第2節「市場と国家」では、二つの経済学が前提とする時代状況が異なるため、市場や国家の機能についてのとらえ方が両者の間で著しく異なっていることについて考察する。そして、第3節「自由貿易主義と国際協調主義」では、二つの経済学の性格の違いから来る世界経済についての見方の違いを、自由貿易主義と国際協調主義という対立軸で整理し、今日行われている国際的な経済討議の思想的な見取り図を描く。

第1節　スミスの時代とケインズの時代

1　世界経済の拡張と『国富論』

著しい対照を示すスミスの時代とケインズの時代

『国富論』は、市場の自動調節機能に高い信認を置いており、自由な競争の結果、社会の構成員の福利が増進していくという社会観を示した。この社会観は「予定調和」と呼ばれるが、それは力強い経済発展を続ける一八世紀のイギリス経済を前提としていた。一方、『一般理論』は、一九三〇年代のイギリスの経済停滞、大量失業の現実から生み出された。スミスの時代とケインズの時代は、歴史的に著しい対照を示している。こうした歴史的背景の違いがそれぞれの経済理論に色濃く投影されることは当然のことであり、これらの経済理論を現代に活用する者は、それぞれの理論的背景や理論的特徴を十分承知しておかなくてはならない。

貿易を通じた世界市場の拡大

まず、スミスの『国富論』の時代についてみてみよう。『国富論』が公刊された一七七六年という年は、アメリカ合衆国がイギリスの植民地から独立した年でもあった。

一八世紀のイギリスは、植民地貿易を通じて市場経済の規模を大きく拡張させていた。貿易を通じ、国民の所得と消費は増大し、豊富な投資機会のもとに急速に資本蓄積が進んでいた。イギリスがアメリカから得た利益は、アメリカの様々な珍しい品物の輸入と共に、イギリス国内生産物の輸出先を見つけることで生み出された。世界市場の拡張のもとで輸出と輸入はともに増大し、貿易の拡大はそのままイギリス国内の利益になると感じられるような経済状況にあったのである。

アメリカの発見と植民地化から、ヨーロッパが引き出した利益は何であろうか。それらの利益は、第一に、一つの大国と考えられたヨーロッパが、アメリカの発見と植民地化という二つの大きな出来事から得た全般的利益と、第二に、植民地にたいして植民地化する各国が行使する権威または支配権の結果として、自国に属する個別の植民地から得た個別的利益とに、分けることができる。

一つの大国と考えられたヨーロッパが、アメリカの発見と植民地化から得た一般的な利益は、第一にその欲望充足の増加であり、第二にその産業の拡大である。

アメリカの余剰生産物は、ヨーロッパに輸入されると、この大きな大陸の住民に、さもなければ所有できなかったはずのさまざまな商品を供給し、そのあるものは利便と実用に、あるものは快楽に、またあるものは装飾に供され、それらによって彼らの**欲望充足の増大に寄与**する。

アメリカの発見と植民地化は、だれもが容易に認めるだろうように、まず第一に、それと直接に貿易するすべての国ぐに、たとえばスペイン、ポルトガル、フランス、イングランドのような国ぐにの産業の増大に寄与したし、第二に、それと直接には貿易しないが、他の国ぐにを仲介として、自国で生産される品物をアメリカへ送っているすべての国ぐに、たとえばオーストリア領フランドル、ドイツのいくつかの州のように、上述の国ぐにを媒介としてアメリカへ多量の麻織物やそのほかの品物を送っている国ぐにの**産業の増大に寄与**した。そうした国ぐにはすべて明らかに、**自国の余剰生産物のための、より広大な市場を手に入れたのであり、したがってまたその量をさらに増加させるように刺激された**にちがいないのである。(1)

2　人口増加と『国富論』

人口の増加と市場経済の拡張的雰囲気　貿易を通じた市場経済の拡張的雰囲気は、アメリカの市場経済の拡張に支えられていた。アメリカに入植した人々は、ありあまる耕作地を手に入れ、自らの生産物をほとんど自分のものとできるような、自由な市場経済の中に生きていた。こうした経済に生きる人々は、あらん限りの力を生産に注ぎ、そこから得られる利得を最大限に拡張しようとする誘因に駆られた。労働力の需要は旺盛であり、年々生活は改善していくことから、結婚や出産が促され人口は増加していくが、人口の増加自体が需要の拡大と市場の拡大となり、自由な市場経済の拡張はとどまるところを知らないように思われた。

一八世紀の市場経済は拡張的な雰囲気の中にあり、人々は自由放任の市場経済の見通しについて楽観

(1) アダム・スミス『国富論』、第四編第七章第三節「アメリカの発見と、喜望峰経由の東インド航路の発見から、ヨーロッパが引き出した利益について」より抜粋（太字は引用者による強調、以下同）。

的な考えを持つことができた。『国富論』の経済思想の基底には、このような時代状況が強く作用していることをまず知らなくてはならないだろう。

荒蕪の地方、あるいは人口希薄なために原住民が簡単に新来の定住者を受け入れる地方を、文明国民が領有した植民地は、他のどのような人間社会よりも急速に富強に向かうものである。植民者たちは、未開野蛮の諸民族のあいだで何世紀もかかって自然に育成されうるよりもすぐれた、農業その他の有用な技術の知識をたずさえて行く。彼らはまた、服従の習慣や、彼らの自身の国で行われている正規の統治、それを支える法体系、正規の司法運営についてのある観念をたずさえて行く。そして当然に新しい定住地でも同種のものを確立する。しかし未開野蛮な諸民族のあいだでは、技術の保護に必要な程度に法と統治が確立されたのちでも、法と統治の自然的な進歩は、なお技術の自然的進歩よりも緩慢である。どの植民者も、自分ではとうてい耕作しきれないほどの**土地を手に入れる。彼らは地代を払う必要はないし、税を払う必要もほとんどない。**生産物を分け合うべき地主はいないし、主権者の分け前も通常ごく僅少でしかない。**生産物はこうしてほとんどすべて自分のものになるのであるから、彼にはそれをできるかぎり大きくするすべての動機がある。**しかし彼の土地は通常きわめて広大であるから、彼自身がどれほど勤勉に働いても、また彼が雇用しうる他の人びとがどれほど勤勉に働いても、その土地が生産しうるものの一〇分の一も、めったにそれに生産させることはできない。そこで**彼はあらゆる方面から労働者を集めようとし、またもっとも気前のいい賃金で彼らに報いようとする。豊かな労働の報酬は結婚を奨励する。子どもたち**

は、幼いころには食物も豊富で世話もゆきとどく。彼らが成長すれば、彼らの労働の価値は、生活費を償ってあまりある。成人に達すると、労働の高価格と土地の低価格とが、彼らの父親が彼らのまえにしたのと同じようにして、自立することを可能にする。(2)

3　投資機会の飽和と『一般理論』

ケインズによる有効需要の原理の定式化

自由放任の市場経済は、経済発展の原動力となる企業の投資活動をも市場の自由取引に任せる経済である。一国の経済において、国民は労働により得た所得の一部を消費し、残りを貯蓄する。こうしたもとで、完全雇用を実現しようとすれば、完全雇用を実現するに足る経済規模の大きさと消費支出との間のギャップを埋めるだけの有効需要を、消費以外の需要の中から見つけ出さなくてはならない。その主要なるものが企業の設備投資なのである。

完全雇用の要件とは、十分な投資機会が確保されることである。スミスの時代は、拡張の時代であった。投資機会の拡張には何ら不安のない経済である。人口増加と世界貿易の拡大の中で、経済は力強く拡大しており、投資機会はありあまるほど存在し、失業の発生などといった雇用問題を気にする必要のない時代であった。

ところが、ケインズの時代は、人口増加の鈍化や世界貿易の縮小の時代である。投資機会も飽和へと向かい、完全雇用を実現するだけの有効需要を見つけることができない。一九三〇年代には、厳しい失

(2) アダム・スミス『国富論』、第四編第七章第二節「新植民地の繁栄の諸原因」より抜粋。

業問題に直面していた。ケインズは、消費性向（所得から消費される割合）の上昇なくしては、完全雇用は実現できないという考えに到達した。有効需要の原理を定式化した『雇用・利子および貨幣の一般理論』は一九三六年に出版された。

自由主義市場経済の欠陥は、失業問題と格差問題　『一般理論』では、発展した市場経済の欠陥は、完全雇用を実現することができず、失業問題に直面することだと規定された。スミスの時代は、拡張の時代であったことから、投資機会はありあまるほど存在した。したがって、常に、完全雇用の要件を気にする必要は全くなかった。所得のうち貯蓄に回す分を増やせば、有効需要の減少につながるが、それを補う投資機会はいくらでも存在し、しかも、投資の増加は資本蓄積の増強を通じて、さらなる経済成長を実現した。まさに、貯蓄は美徳だったのである。

こうして、金持ちは貯金をし、貧乏人は消費をする。金持ちにさらに金が集まることが、経済発展の原動力であるという観念が生まれることになる。つまり、市場の自由競争とその結果生じる格差を受け入れようというのが、アダム・スミスの時代の社会通念であった。ところが、状況は逆転する。ケインズは、投資機会が飽和する現代社会においては、スミスの時代の社会通念が決定的な誤りとなり、人々に厄災をもたらすことを指摘したのである。

われわれの生活している経済社会の顕著な欠陥は、完全雇用を提供することができないことと、富および所得の恣意的な不公平な分配である。

一九世紀以来、とくにイギリスにおいては、直接課税―所得税、付加税、および相続税―の方法によって富及び所得のきわめて大きな格差を除去する方向に向かって、著しい前進がなしとげられた。多くの人々はこの過程がさらに一段と推し進められることをおそらく希望しているであろう。しかし、彼らは次のことを考えて思いとどまっている。すなわち、資本の成長は個人の貯蓄動機の強さに依存し、われわれはこの成長の大部分を富者の余剰からの貯蓄に仰いでいるという信念である。しかし、低い消費性向が資本の成長の助けとなるのは完全雇用の状態に限られる。現存の状況においては諸機関による貯蓄や減債基金の形における貯蓄は妥当な大きさを超えており、消費性向を高めるような形での所得再分配政策は資本の成長にとって積極的に有利となるであろう。(3)

第2節　市場と国家

1　『国富論』における「神の見えざる手」
市場メカニズムへの信認と財政活動の抑制

『国富論』と『一般理論』は、国家の役割について全く逆の結論に到達している。これは、「市場経済」の見方についての違いから生じている。

スミスの時代は、市場経済の旺盛な発展の時代であり、政府支出を削減すれば、それを補って余りあるほどの民間需要の拡張が期待できた。政府支出が削減されればされるほど、資本蓄積は増進し、経済成長率は高まり、そして、人々の所得は拡大する。このような時代に、政府の財政活動を極力抑制し、

(3)　J・M・ケインズ『雇用・利子および貨幣の一般理論』、第二四章「一般理論の導く社会哲学に関する結論的覚書」より抜粋。

自由な市場取引を通じた資源配分が志向されたことは、至極、当然であった。政府は、国民の安全を守るべき最低限の事業を行い、経済活動は、基本的に市場を通じた資源配分によって行われるべきものとされた。市場メカニズムに強い信認をおいた「神の見えざる手」の社会哲学は、このような時代背景のもとで理解する必要があるだろう。

なお余談ながら、「神の見えざる手」とは、市場での自由な経済取引によって、予め定められているはずの社会の調和が実現できる、という社会観を示したものであり、そのような社会観は「予定調和観」と呼ばれている。そこには、神によって予め定められているという含みがある。次の引用文に見られるように、訳者によっては「みえない手」と翻訳する場合（岩波文庫版）もあるが、やはり、人口に膾炙しているように「神の見えざる手」と翻訳するのが適当なように思われる。

自分の資本を国内の勤労の維持に使用するすべての個人は、かならずこの勤労を、その生産物ができるかぎり大きな価値をもつように、方向付けようとする。

どの個人も必然的に、その社会の年々の収入をできるだけ大きくしようと、骨を折ることになるのである。たしかに彼は、一般に公共の利益を推進しようと意図してもいないし、どれほど推進しているかを知っているわけでもない。国外の勤労よりは国内の勤労を支えることを選ぶことによって、彼はただ彼自身の安全だけを意図しているのであり、また、その勤労を、その生産物が最大の価値をもつようなしかたで方向づけることによって、**彼はただ彼自身の儲けだけを意図しているのである。そして彼はこのばあいにも、他の多くの場合と同様に、みえない手に導かれて、彼の意図**

のなかにまったくなかった目的を推進するようになるのである。またそれが彼の意図のなかにまったくなかったということは、かならずしもつねに社会にとってはそれだけ悪いわけではない。**自分自身の利益を追求することによって、彼はしばしば、実際に社会の利益を推進しようとするばあいよりも効果的に、それを推進する。**公共の利益のために仕事をするなどと気どっている人びとによって、あまり大きな利益が実現された例を私はまったく知らない(4)。

2　『一般理論』が要請する政府機能の拡張

投資の社会化と政府の財政活動　市場経済の旺盛な発展の時代には、できる限り国家の財政活動を縮小し、資本の蓄積と成長を実現することが賢い選択だったであろう。しかし、ケインズの時代は、成長の源泉が失われていく時代である。人口の伸びは頭打ちとなり、外需の拡大に期待することもできなかった。

投資機会は飽和し、完全雇用の実現が難しい成熟社会では、投資のための企業の意思決定を、自由な市場取引のもとで行うことは大変危険である。成長が見込めないために冷え込む投資の意思決定は、さらなる悲観を生み出し、失業問題はとめどもなく深刻化する可能性がある。そうなれば、市場経済は完全な機能不全に陥ることとなろう。

ケインズは、『一般理論』で有効需要の原理を定式化するとともに、自由な市場経済に対し、政府に

（4）アダム・スミス『国富論』、第四編第二章「国内で生産できる品物の外国からの輸入にたいする制限について」より抜粋。

よる一定の修正を加え、消費支出を拡張させ、企業の投資活動をコントロールする政府機能の重要性を訴えた。

国家は、一部分は租税機構により、一部分は利子率の決定により、そして一部分はおそらく他のいろいろな方法によって、消費性向に対してそれを誘導するような影響を及ぼさなければならないであろう。さらに、利子率に対する銀行政策の影響は、それ自身では最適投資量を決定するのに十分ではないように思われる。したがって、**私は、投資のやや広範な社会化が完全雇用に近い状態を確保する唯一の方法になるだろうと考える。**

消費性向と投資誘因とを相互に調整する仕事にともなう政府機能の拡張は、一九世紀の評論家や現代のアメリカの銀行家にとっては個人主義に対するおそるべき侵害のように見えるかもしれないが、私は逆に、それを**現在の経済様式の全面的な崩壊を回避する唯一の実行可能な手段であると同時に、個人の創意を効果的に機能させる条件であるとして**擁護したい。

なぜなら、もし有効需要が不足すれば、資源の浪費に対する世間の非難は耐えられないものであるばかりか、これらの資源を活用しようとする個々の企業者は彼にとって不利な条件のもとで活動することとなるからである。彼の演ずる賭博の得点の多くはゼロであり、したがってもし競技者があらゆる可能性を尽くしてみる根気と希望をもっているならば、全体としては損失を蒙ることになろう。従来世界の富の増分は個々人の正の貯蓄の総額に及ばなかった。その差額は、勇気と創意をもちながらも、特別の技能と異常な幸運に恵まれなかった人々の損失からなっていた。しかし、も

し有効需要が適度にあるなら、普通の技能と普通の幸運で十分である。(5)

3　人口減少社会の市場と国家

『一般理論』での論証の弱点：なぜ有効需要は不足するのか

ケインズの主張は、成熟した経済は完全雇用に到達するだけの有効需要を確保することができないという前提に立っている。完全雇用に到達すれば、市場メカニズムに期待することもできるかもしれないが、有効需要が足りないので、予定調和を信じた社会各層の様々な努力は結局は徒労に終わる。人々の絶望感は、社会統合に対する信頼を失わせ、その社会を崩壊と終局へ誘い込む危険をもっている。人類と世界を絶望の淵へと投げ込んだ世界大戦も、このような諸力の作用によって引き起こされたものとみることができる。

そこで、ケインズは、平和な社会を建設するためにも、政府の新しい役割を提案することになるのだが、その主張を論理的に完結させるためには、なぜ、成熟社会では有効需要が恒常的に不足することになるのか、その原因を明確に語らなくてはならない。

『一般理論』は、一九三〇年代にみられた長期停滞と失業問題を、有効需要の不足から説明した。その説明自体は大変な成功を収めた。しかし、スミスの時代には全く気にされることのなかった、したがって、『国富論』においては一瞥もされなかった有効需要の不足という問題が、なぜ、現代社会において現れてきたのか。この点についての『一般理論』の論考は、決して満足のいくものではなかった。

---

(5)　J・M・ケインズ『雇用・利子および貨幣の一般理論』、第二四章「一般理論が導く社会哲学に関する結論的覚書」より抜粋。

ケインズの埋もれた講演録　ケインズ自身も、この論理上の弱点に気がついていた。これを補うかのように、彼は『一般理論』の公表の翌年、一九三七年二月二六日に、ロンドンの優生学協会で「人口減退の若干の経済的結果」という講演を行っている。この講演要旨は、次の三点にまとめることができる。(6)

まず、第一に、人口減少の傾向が、有効需要の不足をもたらすことを明確に示した。講演では、それは「マルサスの悪魔Pが鎖につながれたいま、マルサスの悪魔Uが締めの縄を断って逃れでようとしている」と表現された。マルサスの悪魔P（population）とは、マルサスが『人口論』で論じた過剰人口の弊害のことであり、マルサスの悪魔U（unemployment）とは、マルサスが『経済学原理』で指摘した有効需要の不足による失業をさしている。当時のイギリスにおいて、人口成長の鈍化が現実のものとなり、さらに低減していくことが予測されているにもかかわらず、人々の態度が人口急増時代の惰性を引きずっていることに、ケインズは警鐘を鳴らしたのである。

第二に、人口減退が失業をもたらすのは、人口減少が投資需要の減少を経由して有効需要を減少させるためだとされた。一般に、企業の設備投資は人口が増えれば増加するとみることができる。人口増加は、市場の拡大と豊富な労働力調達を企業に期待させる。将来への期待が高まれば、企業は将来に向けた投資に積極的に取り組み、投資の拡大が、また将来期待を高めるという好循環が生まれる。人口の増加は将来に向けた楽観論を醸成し、その結果、多少の間違った過剰資本の蓄積があっても、人口増加に支えられて、一時的な過剰としてたちまちに解消されてしまうのである。ところが、人口減少へと転じると全く逆のプロセスが発生する。社会の需要は、期待されたところをいつも下回り、ますますの悲観を生み出しながら、投資は減退していくのである。

第三に、人口減少のもとでの有効需要不足は貯蓄率が高すぎることによるものだとして、貯蓄率の引き下げ、企業の投資環境の整備、低金利への誘導などの政策が提案された。貯蓄率の高い経済は、高蓄積経済であり、資本設備が急速に蓄積され、企業の供給力も急速に高まる。蓄積された資本設備は新たな需要の拡大を要求する。しかし、それを満たすだけの需要を生み出していくことは容易ではなく、設備投資の増加によって需要をつくれば、さらに供給力を高めることになり、経済的均衡からますます離れていくこととなる。このため、貯蓄率を引き下げ消費支出を拡大するとともに、資本を大量に利用する産業や技術を振興し、思い切った金利低減策が必要であるとされた。なお、均衡の回復のためには、投資規模の割には供給力が拡大しない産業分野が重要だと考えられており、サービス業など資本をあまり用いない産業が拡大していることにケインズは懸念を示した。

第3節　自由貿易主義と国際協調主義

1　『国富論』の自由貿易主義

自由貿易主義への強い信頼の背景

『国富論』と『一般理論』は、貿易の見方についても大きな違いがある。

『国富論』は自由貿易の利益を強調し、国家間の不均等発展や貿易収支の不均衡をほとんど気にとめていない。貿易の拡大による相互の経済規模の拡大に絶対的ともいえる価値を見出している。イギリス

(6) このケインズの講演録は塩野谷九十九『経済発展と資本蓄積』(一九五一年、東洋経済新報社)に翻訳のうえ収録されている。

の経済発展が世界経済の発展へとつながっていくとするその歴史観、世界観に、全く疑いを差し挟むことはない。

一方、『一般理論』は、貿易収支の黒字国が赤字国に対し、有効需要の奪取を通じて失業を輸出しているという認識をもって、国際的な視点から各国が協力して雇用・失業問題を解決していく政策体系の提案へと向かった。

二つの経済学の対立する理論的結論についても、時代背景の違いが投影されている。スミスの時代には、植民地の拡大を通じた市場経済の拡張があり、そのもとで貿易の拡大が多くの国々に利益をもたらした事実があった。一方、ケインズの時代には、市場経済システムが世界を覆い尽くし、しかも、その内的拡張力が低下したことから、国々は海外の市場を奪い合い、世界的な緊張の高まりが、ついには二度の世界大戦を引き起こした。

スミスが主張した自由貿易による国際分業の利益　『国富論』は、自由貿易は国際分業による利益を生み、自由貿易への参加はそれぞれの国が豊かになることを約束する、と力強く論じた。

隣国が富んでいることは、戦争や政治の上では危険であるとしても、貿易においては有利である。敵対状態にあっては、それは、われわれの敵がわれわれにまさる陸海軍を保持することを可能にするかもしれないが、**平和と商業の状態にあっては、それは、彼らがより大きな価値をわれわれと交換し、わが国の産業の直接の生産物やそれで購入されるすべてのものに、よりよい市場を提供する**

ことを、同様に可能にするに違いない。富者はたいてい、近隣の勤勉な人びとにとって貧者よりもいい顧客であるが、富裕な国民も同様である。たしかに自分自身が製造業者である富者は、同じ仕事にたずさわるすべての人びとにとって、きわめて危険な隣人である。しかし圧倒的な最大多数の、彼以外のすべての隣人たちは、彼の支出が提供してくれるいい市場によって利益を受ける。彼らは、富者が同業のより貧しい職人たちを売りたいてくれるために、利益を受けさえもする。同様にして、富国の製造業者は、隣国の製造業者にとって、疑いもなくきわめて危険な競争者だろう。しかしまさにこの競争が、国民大多数にとって利益となるのであり、また彼らはそうした富裕国民の大きな支出が他のあらゆるしかたで提供してくれるいい市場によっても、多くの利益を受けるのである。

ヨーロッパの商業国で、貿易差額の逆調から破滅が近づきつつあると、自称博士たちからしばしば予言されなかった国はない。しかし彼らがこの点について不安を煽りたてたにもかかわらず、またほとんどすべての貿易国が貿易差額を自国に有利に、隣国に不利にしようと無駄につとめたにもかかわらず、**この原因のためになにかについて貧しくなった国が、ヨーロッパに一国でもあったとは思われない。**これに反して、どの町も国も、**自分たちの港をすべての国に開放する度合いに応じて、**商業主義の諸原理がわれわれに予想させようとしたように破滅するどころか、それによって**富裕になった**のである。(7)

(7) アダム・スミス『国富論』、第四編第三章「貿易差額が不利と想定される諸国からの、ほとんどすべての種類の品物の輸入にたいする特別の制限について」より抜粋。

2　『一般理論』の国際協調主義

輸出の振興は、失業の輸出　一六世紀以来のヨーロッパの絶対王政のもとでは、国富の増大を目指して統制的な経済運営を行った。重商主義は、保護貿易の立場に立ち、輸出産業を育成し、貿易差額を拡大させることを目指した。スミスは、これに対し、産業革命以来の市場経済の拡張力によって自由貿易主義こそが経済運営の理念たるべきことを力説した。

しかし、市場経済の拡張力が衰えてくれば、いつまでも『国富論』の主張が正しいわけではない。『一般理論』では、重商主義と自由貿易主義を対比し、重商主義が国内の有効需要を補う手段として輸出を重視し、輸入を抑制しようとしたことに経験的な正しさがあったと評価している。

ここにおける真の問題は、国内の経済問題を輸出の促進によって解決しようとしたところにあり、一国の利益にかなっても、世界全体の利益にはつながらない。ケインズは市場経済の拡張力が落ちた世界にあって、ある一つの国が輸出を拡大することは、他の国へ失業を輸出することに等しいとみるのである。

『国富論』の認識に立ち、市場経済に高い信認を置く人々は、失業問題の解消に向けて賃金の切り下げを提案する。企業の労働力需要は、賃金の水準に依存するから、賃金を切り下げれば、労働力需要を増やすことができ失業を解消できるというのである。こうした賃金切り下げは、自由貿易の中で輸出競争力を相対的に高め、その国の輸出の増大と有効需要の獲得につながる。しかし、それは、ソーシャルダンピングによる世界市場の奪い合いである。労働者の低賃金、長時間労働など、社会政策的な施策の欠落は、世界大戦の遠因でもあった。

国際協調主義と人類の未来　こうした認識のもとに『一般理論』は、世界的な失業問題の解決に向けて、各国が歩調を合わせて経済運営を行う国際協調主義に人類の未来を託した。

自国の貿易収支の黒字から得る利益は、他のある国に対して同等の不利益をもたらす可能性がある。また、賃金の引下げによって不況に対処しようとする伸縮的賃金政策は、同じ理由によって隣国の犠牲において自国の利益を図る手段になる。

しかし、本当は反対のことが妥当する。必要な第一歩は、国際的な関心事によって妨げられない自律的な利子率政策、および国内雇用の最適水準を目標とした国家投資計画の策定であって、これは、われわれ自身とわれわれの隣人とを同時に助けるという意味で二重に幸せなものである。そして、経済の健康と活力を国際的に取り戻すことのできる道は、すべての国々があい携えて、これらの政策を同時に実行することである。

最初アルベール・トーマのもとにあり、次にH・B・バトラーのもとにあったILO（国際労働機関）が、この真理を一貫して評価してきたことは、第一次世界大戦後における数多くの国際機関が発表する意見の中で著しく傑出していた。[8]

（8）J・M・ケインズ『雇用・利子および貨幣の一般理論』、第二三章「重商主義、高利禁止法、スタンプ付き貨幣および過少消費説に関する覚書」より一部要約。

3　ＩＬＯの理念

ＩＬＯと国際労働立法の推進　現代社会に存在している制度や機関、さらには、それを支える経済思想には、第一次世界大戦や第二次世界大戦の経験を下敷きにしているものが少なくない。人類が破局の淵から学び取った経験を、これからも貴重な財産として語り継ぎ、引き継いでいかなくてはならない。ケインズが高く評価した国際労働機関（ＩＬＯ）は、ヴェルサイユ条約によって産声をあげた。

第一次世界大戦の講和条約（一九一九年）は、パリ南西部にあるヴェルサイユ宮殿で調印されたことからヴェルサイユ条約と呼ばれる。この条約は、フランス国民の対ドイツ感情から、ドイツに過酷な賠償金をかけるなどの誤りもおかしたが、国際協調によって戦争を回避しようとする努力は正当に評価された。条約では、国際平和の維持と国際協力を行う史上最初の常設的国家連合組織として国際連盟の創設が規定され、ＩＬＯはこの国際連盟の機関として設置された。

第一次世界大戦そのものは世界割拠の軍事的衝突であったが、その背景には、厳しい国際競争の中で労働条件の下方崩落的な圧力にさらされ続けた、それぞれの国の不幸な人々の存在があった。働く人々が安心して生活できる環境を創造しなければ、世界の平和を実現することはできないという考え方が、ヴェルサイユ条約に盛り込まれ、ＩＬＯを誕生させたのである。

ＩＬＯは、その後、第二次世界大戦後の国際連合の専門機関となり今日に至っている。ＩＬＯの歴史は、各国の労働立法を相互に連携、協調させながら、労働条件の改善、雇用の確保、生活水準の向上など、国際労働立法の活動を強化・充実させてきた歴史であった。

なんじ平和を欲すれば正義を培え　ＩＬＯの初代事務局長を務めたアルベール・トマは、自著『労働史講話』において、勤労大衆に向かって労働問題を平易に語り、今後の取り組むべき課題を訴えた。ＩＬＯ創設にあたっての社会思想もここに語られており、それは、一九二三年一〇月二三日、ＩＬＯの定礎記念式典に向かう年老いた時計技師が、その息子〝ジャン〟に国際労働立法とその実現におけるＩＬＯの意義を語るという物語の形をとっている。

「ジャン、お前にそれを説明するのはやさしいことじゃないが、まあ出来るだけやってみよう。お前も、本で読んだことと思うが、大工業が発達してから、労働者はしばしば酷使されて、長い時間、不衛生な条件で働きながら、一家を養うにも足りない賃金しか受け取れないようになった。のみならず、必要に迫られて、女や小さい子どもたちが、もっと安い賃金で工場へ働きに出るようになった。博愛的な資本家の、イギリスでロバト・オウエン、フランスでダニエル・ルグランというような人達は、こういう忌むべき労働条件を非難して、もっと人道的な組織にしたら、もっと労働の効果を増大させることができるだろうと教えたが、多くの資本家は、競争というものがある以上、労働者には安い賃金しかやれないという意見だった。だから、どこの国でも工業化の進んだところでは、国家の干渉にまたねばならなくなった。そして、女や子どもを夜働かせちゃならないとか、一四歳以下の子どもを使っちゃいけないとかいう規則が出来て、大人の労働時間も一一時間になり、一〇時間になり、今じゃ八時間になった。

ただそこに難しいことがある。ある国で今言ったような法律を作るとする。そうすると、その国で出来るものは他の国で出来るものよりも高く売らなきゃならないわけになる。そりゃ分かるだろう。つまり、仮に外の国では女や子どもを使ったり、あるいは同じ賃金でもっと長い時間働いているとすればだ。

そこで、国と国とが集まって、同じように労働者を優遇する法律をこしらえなくちゃいかんということになった。つまり労働者保護の立法は国際的でなくちゃいかんというのさ。違った国と国とが同じ法律を制定することを促進すること。それが、この今日定礎式のある国際労働局のする仕事さ。国際労働局のする仕事は、各国の間に意思を疎通して、各国が一定基準の労働者のために法律を尊重し実行するよう図ることだ。分かったかい？」

ジャンは父親と一緒に群衆に交じっていたが、儀式が始まって荘厳な喜びの合唱が起こると彼の幼い心は感動に震えた。歌が終わると、せきの声一つしない中に、国際労働局長が口を切った…。

ジャンは学校で使うノートを取り出して、この一日を忘れないように、一九二三年一〇月二三日という日付の側へ、国際労働局の銘を書いた。

「なんじ平和を欲すれば、正義を培え」(9)

市場経済学から政治経済学へ　世界大戦の中から豊かな経済社会の構築に向け取り組んできたＩＬＯにとって、今後、その活動をより充実、強化させていくためには、政治経済学による理論的支柱の確立が必要であるように思う。

政治・社会制度を含めて経済現象を分析する経済学は「政治経済学」と呼ばれている。一方、これに対し、市場の自動調節機能を中心に経済現象を抽象化して分析する純粋経済学は、「市場経済学」と呼べるだろう。市場経済学が現代の経済学と経済政策に及ぼしている影響力は、計り知れないほど大きい。現代の主流派経済学は、新古典派経済学と呼ばれる市場経済学である。この市場経済学の影響力は、とりわけ冷戦終結後に拡張した。ＯＥＣＤエコノミストは市場経済学の成果をふんだんに盛り込んだ「雇用戦略」によって、雇用・失業問題にも市場調整メカニズムを活用する徹底した構造改革を提案した。

しかし、この政策論は、ＩＬＯ設立の理念と抵触する。ＩＬＯ設立の理念からすれば、「労働条件は単に市場で成立したから最適なのではなく、人間が人間らしく生きるという観点から、常に評価を加え、修正し、規制を加えていくべきものである」と言わねばならないだろう。そうした政策研究を進めるには、市場経済学に対峙する、新しい政治経済学の構築が不可欠である。

政治経済学の果たす役割は大きい。人類の発展は、一人ひとりの未来創造的な生命の活動によるものである。人の命が豊潤な多様性を備えている以上、世界には、人の数だけ多様な価値が存在する。この多様な価値のぶつかり合いの中から、人類の理想とする行動を創造していく活動とは、まさに政治そのものである。人類の英知を結集し、新たな世界の枠組みを提示していく仕事には、政治経済学は無くてはならないものである。

しかし、新たな枠組みづくりの作業は容易ではない。国際的な政治活動は、幾たびも失敗し、その決定的な失敗が二度の世界大戦を引き起こした。しかも、そのような反省にもかかわらず、国際機関の発

（9）アルベール・トマ『労働史講話』、第三八章「国際労働局」より抜粋。なおここでは、国際労働機関は国際労働局と訳されている。

展の歴史は遅々としたものである。そして、その現実をあざ笑うように、グローバリズムの中で増殖する市場価値が、人類にとって分かりやすい強烈な単一的価値観を植え付ける。その思想的な表現が市場経済学であり、新古典派経済学なのである。

人類が共通に認めることができる価値、それは市場価値しかないだろう。そのニヒリズムが、今日の市場経済学の興隆の背景にある。

こうした事態に対し、ＩＬＯはついに、働きがい、生きがい、そして人間らしさの復権を活動目標に掲げた。第九代目のＩＬＯ事務局長ファン・ソマビアは、次に引用するように、ディーセントワーク(decent work)を提言した。この言葉は、日本語にすれば「働きがいのある人間らしい仕事」という意味である。

今、人類は、ためらうことなく、働きがい、生きがい、人間らしさ、について堂々と語り合わなくてはならない。国際社会の中で、言葉によって、一人ひとりの、そして、それぞれの民族、地域、国家の価値を表現し、国際的な相互の理解と協調の中から、新しい社会の枠組みを形成していくことが望まれている。

ＩＬＯの伝統的活動の基礎はグローバルな経済の出現によってもたらされた経済的、社会的環境の変容によって変化し、方向転換を迫られました。

経済自由化戦略は、国家、労働および経営の関係を変化させました。経済の成果は、今や、社会の当事者、法的規範、あるいは国家の干渉による調停よりも、市場の力の強い影響を受けるようになっています。

グローバル化は繁栄と不平等をもたらし、集団的社会責任の限界を試しています。人間の不安定と失業の問題はまた、大多数の諸国において最優先の政治的問題に返り咲いています。グローバル化の社会的特徴とそれが労働の世界にもたらす問題とニーズは広く一般の関心事になっています。市場がその社会的、政治的事情と無縁に機能しているものではないことについての認識がますます広がっています。

ＩＬＯの使命は、労働の世界において人々の置かれている状況を改善することにあります。今日、その使命は、大きな変革の時代において、広く行きわたった人々の重大関心事の中に共鳴しているものを見出すことです。ＩＬＯは、ディーセントワークに関心を持っています。その目標は、単なる仕事の創出ではなく、受け入れることのできる質の仕事の創出です。今必要なことは、競争の激しい世界市場で急速に変化している状況に対応する能力を維持しつつ、基本的な保障と雇用を確保する社会的・経済的システムを編み出すことです(10)。

(10)　第八七回ＩＬＯ総会事務局長報告「ディーセントワーク：働く価値のある仕事の実現をめざして」（一九九九年、ＩＬＯ東京支局）、第一章「主要な目標」より抜粋。

第3章　現代経済学の問題性

現代経済学の中にあって、今日、新古典派経済学は、理論的にも政策論的にも望みうる最高の地位にまで到達した。そして、現代日本の大学教育、大学研究において、制度化された教科書と教授法のもとに、新古典派の分析手法と思考方法を身につけた若者が大量に生産され、この学派の再生産と自己増殖が進んでいる。

若者の武器は、本来、その体力とともに、みずみずしい感性にあると思うが、制度化された教育と研究の中で、若手研究者は、既存の業績に接合されうる狭く細い道を歩まされている。しかも、人口減少にもかかわらず大学院で学ぶ者はうなぎのぼりに増加し、その就職環境は厳しく、研究成果の厳正な審査のために、教育と研究の制度化がさらに進行するという恐るべき事態が進行している。このような秩序と序列の中で育ってきた主流派の学徒たちに、新古典派に対する批判精神などわくはずがない。なぜなら、それこそが、彼らの権威の源泉であり、彼らの研究人生そのものであるからだ。マックス・ウェーバーは、一〇〇年前に、社会の組織化が進行していく中で、教育の目標も「教養人」を育てることから「専門人」を育てることへと転換していくと予言したが、現代日本でも、その通りの事態が進行している。

このようにして増殖する現代経済学の一分野に労働経済学がある。ＯＥＣＤの「雇用戦略」を日本に紹介し、それに基づいて政策論を提案してきたのは労働経済学者たちであった。しかし、これまで触れてきたような労働経済学者たちの主張に対し、市井の人々は大きな疑問と反発を感じるようになっている。もともと、労働問題は、労働者と使用者が主要なアクターとなる労使関係の世界である。労働者を代表する労働組合のリーダーたちは、今日、日本に広がる格差問題に向き合い、心を痛め、使用者の多くも、限られた分配原資ではあるけれども、どうしたら従業員の働きがいをもり立てていくことができるかと真剣に考え始めている。ここにおいて、実践的な価値をもたない労働研究の体系は社会的な価値を有していないというべきだろう。

この第３章では、現代経済学の一分野として代表的な役割を果たしている労働経済学について、その理論構造や歴史を振り返りながら、現代経済学の問題性について考える。まず、第１節「新古典派と労働市場」では、労働経済学の核心部分を形成する労働市場論の理論構造を分析する。次に、第２節「労働市場論の欠陥」では、有効需要の原理から照らして、労働市場論による社会分析には致命的な欠陥があることを指摘する。そして、第３節「労働経済学の行方」では、このような欠陥を抱えた労働経済学が、なぜ、今日かくほどまでの学派的勢力を築き上げたのか、日本の労働問題研究史を振り返りながら、その謎を究明し、今後について考える。

第1節　新古典派と労働市場

1　労働力の需要と供給

ケインズによって行われた新古典派の定式化と内在的批判　ケインズは『雇用・利子および貨幣の一般理論』において、現実に広がっている失業問題に有効に対処しうる政策理論の構築を目指して、まず、新古典派経済学の理論構造の研究に取り組んだ。『一般理論』の第二章「古典派経済学の公準」では、新古典派経済学の労働市場論を取り上げ、それを定式化した上で、内在的な批判を行った。

ケインズが今から七〇年前に「古典派」と呼んだものは、今日の「新古典派」の源流に位置する。「古典派」の理論構造は基本的に「新古典派」に継承されているとみて差し支えない。ケインズ自身も、「古典派」にはリカードなど狭義の古典派経済学だけでなく、それを継承した新古典派のアルフレッド・マーシャルなども含めている。つまり、ケインズの語法では、古典派を継承した新古典派も、その方法論の同一性から「古典派」とされている。

ここでは、ケインズが「古典派」として定式化した労働市場論によって、新古典派の労働市場論の特徴を抽出し、その持つ問題点を指摘していく。

柔軟な賃金変化によって調整される労働力需給　新古典派は柔軟に価格が変動する自由な市場取引において、商品の需要と供給が相互に調整されると考えている。したがって、労働力が商品として売買される労働市場の需給調整においても同様な仕組みを見込んでいる。

図3　新古典派経済学の労働市場論

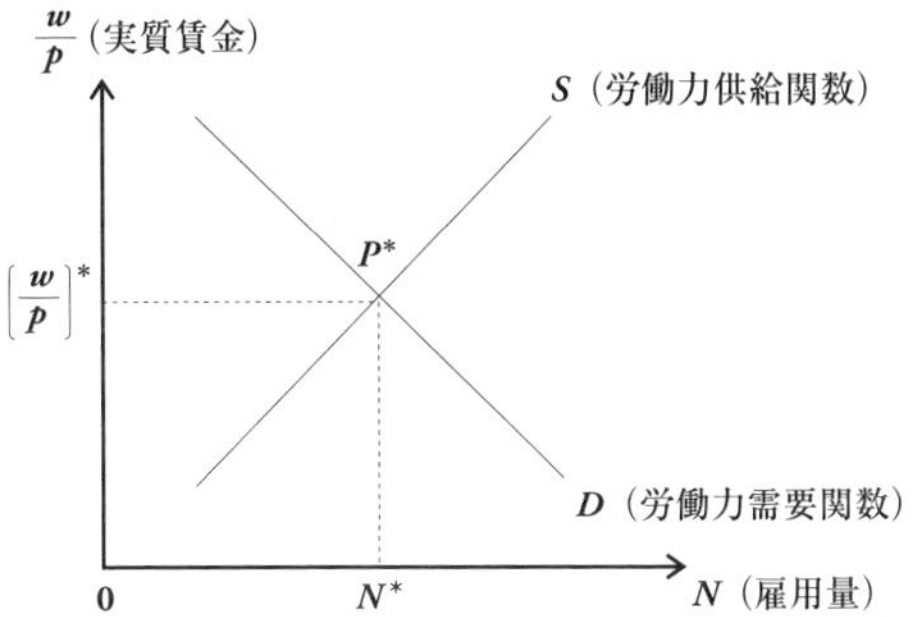

(1) 労働力は企業が購入する。労働力需要は賃金の関数であり、賃金が低いほど企業はより多くの生産活動を行い、労働力需要は多くなる。
(2) 労働力は労働者が企業に対し販売する。労働者は、賃金が高いほど多くの労働力を供給する。労働者は働くことを苦痛と感じており、その不効用が貨幣であがなわれるかぎりは労働力を提供する。より多くの労働力供給を得ようとすれば、企業はより高い賃金を払わなくてはならない。
(3) 企業と労働者は労働力需要と労働力供給がちょうど均衡する賃金水準によって、労働力の販売・購入を行う。

すなわち、企業が労働力を購入する労働力需要は、企業の生産関数に応じて決まり、労働者が販売する労働力は、その効用関数によって決まる。そして、この労働力需給が均衡する点において賃金と雇用量が決定される。

この関係を縦軸に賃金（実質賃金）w/p、横軸に雇用量Nをとった図表上に表すと、**図3**のように、企業の労働力需要関数Dは、賃金の低下に伴い増加する右下がりの関数となり、労働者が提供する労働力供給関数Sは、賃金の増加に伴い増加する右上がりの関数となる。そして、両関数が交わる点P^*において、社会の雇用量N^*と賃金水準$\left(\frac{w}{p}\right)^*$が決定されると考えられる。

これらをケインズは『一般理論』の第二章「古典派経済学の公準」において次

のように定式化した(1)。

古典派の雇用理論は単純かつ明白なものと思われているが、私の考えでは、実際には議論こそ行われていないけれども、次の二つの公準に基礎を置いていた。すなわち、

（Ⅰ）賃金は労働の〔価値〕限界生産物に等しい。

いいかえれば、一雇用者の賃金は、雇用を一単位だけ減少させたときに失われる価値に等しい。ただし、この均等は、競争と市場が不完全な場合には、ある原理に従って攪乱されるであろう。

（Ⅱ）一定量の労働量が雇用されている場合、賃金の効用はその雇用量の限界不効用（marginal disutility）に等しい。

いいかえれば、一雇用者の実質賃金は、現実に雇用されている労働量を提供させるのにちょうど十分なものである。ただし、競争の不完全性が第一の公準を修正するのと同じように、各労働単位についてのこの均等も、雇用可能な労働単位の側の団結によって攪乱されるであろう。

第一公準は右下がりの需要関数、第二公準は右上がりの供給関数　ケインズの示す第一公準（Ⅰ）は、企業の労働力需要は賃金と労働の限界生産物が一致する点において決まると言っている。労働力を投入してなされる生産は、生産量が少ないうちは、労働の増加に伴って多くの生産物を生産することができる。労働力のコストは相対的に少なく、企業にとって利潤が多いことから、ますます生産量を増やしていく。しかし、生産量の増加に伴い、労働力の投入に伴う限界生産物は少なくなる。これを限界生産力の逓減

という。労働力の投入増加により生産量は確かに増えるが、その増え方が小さくなっていくのである。そして、賃金が労働の限界生産物に等しくなった段階で、それ以上の利潤の拡大はなくなる。すなわち、賃金が低ければ、企業は労働力をより多く需要し、生産量を拡大させるということであり、賃金の低下に伴って労働力需要が増加する、右下がりの労働力需要関数を描くことができる。

一方、ケインズの示す第二公準（Ⅱ）は、労働者による労働力供給は、たくさん働くと不効用が増大していくので、賃金と限界不効用が一致する点において決まると言っている。労働者が働く場合、はじめのうちはそれほど苦痛はないが、労働時間の長さに伴って苦痛は増していく。賃金によって得られる効用が働くことの苦痛を補って余りあるうちは労働力の供給がなされるが、限界的な労働力の不効用が、得られる賃金からの効用を超えてしまうと労働者は労働力を供給しなくなる。

すなわち、賃金が高ければ、労働者は労働力をより多く供給するということであり、賃金の増加に伴って労働力供給が増加する、右上がりの労働力供給関数を描くことができる。

そして、この労働力需要関数と労働力供給関数の交点、すなわち、企業が利潤を極大にしようとし、労働者が効用を極大にしようとする均衡点において、賃金と雇用量が決定されるということになる。

2　新古典派の失業類型

新古典派に存在するのは摩擦的失業と自発的失業のみ

新古典派は市場メカニズムを信認している。労

(1) 以下、第1節及び第2節の引用文は、特に注釈を付さないものはJ・M・ケインズ『雇用・利子および貨幣の一般理論』、第二章「古典派経済学の公準」からの抜粋である。また、傍点は原著によるもの、太字の強調は引用者によるものである。

図4　新古典派経済学の失業理論

●失業には摩擦的失業と自発的失業の2つしか存在しない。

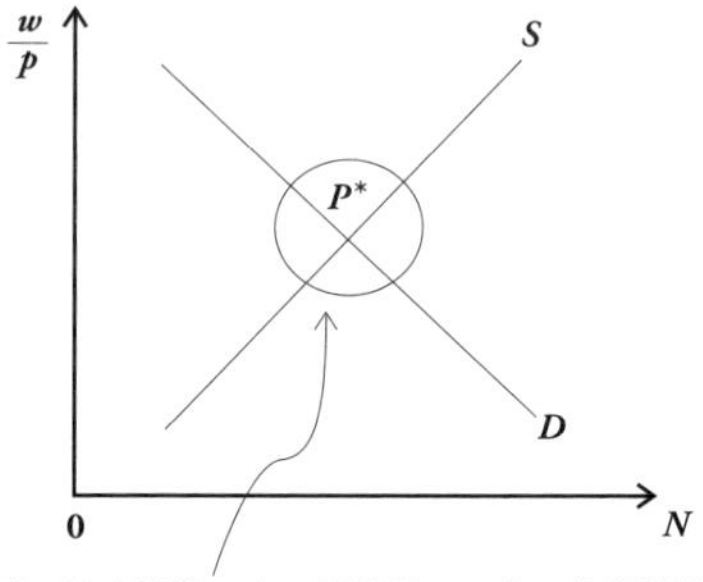

摩擦的失業：経済・社会構造の中で離職者に一定の求職期間が発生することによるもの。

自発的失業：求職者が高すぎる賃金を要求するなど求職者側の要因により発生するもの。

働市場における賃金調整のメカニズムに対しても同様であり、十分に伸縮的な賃金調整が行われるなら、労働者が自らの意思に反して失業するという「非自発的失業」は存在し得ないと考えている。

新古典派の失業類型では、理論的には「摩擦的失業」と「自発的失業」の二つしか存在しえない。「摩擦的失業」とは変化する経済社会の中で離職者に一定の失業期間が発生することに伴う職探しのために避けられない失業であり、「自発的失業」とは求職者が高すぎる賃金を要求するなど、求職者側の要因によって発生する失業のことである。

これは、**図4**にみられるように、労働力需要関数Dと労働力供給関数Sの交点P^*の均衡状態において賃金w/pと雇用量Nが決定されている場合にも生じている失業だと解釈される。ケインズは次のように記している。

ここで不効用というのは、個人あるいはそ

の集団が、彼らにとってある最低限より低い効用しかもたらさない賃金を受け入れるよりは、むしろ彼らの労働を差し控えた方がよいとみなすあらゆる種類の理由を含むものと理解されなければならない。

この公準（Ⅱ）は、「摩擦的」失業（"frictional" unemployment）と呼びうるものと両立する。なぜなら、この公準の現実的な解釈に当たっては、調整のさまざまな不正確さのために持続的な完全雇用の実現が妨げられる場合を認めてもさしつかえないからである。たとえば、誤算や断続的需要の結果、特殊化された資源の相対的数量の間に均衡が一時的に失われることによる失業とか、不測の変化にともなう時の遅れによる失業とか、一つの雇用から他の雇用への転換がただちには行われず、したがって非静態的な社会においては、つねにある割合の資源が「仕事と仕事との間で」利用されないでいるという事実による失業などがそれである。

この公準は、「摩擦的」失業と両立するばかりでなく、さらに「自発的」失業（"voluntary" unemployment）とも両立する。後者は、一単位の労働が、法律とか、社会的慣行とか、団体交渉のための団結とか、変化に対する反応の遅れとか、単なる人間の頑固さとかの結果として、その労働の限界生産力に帰せられる生産物の価値に相応した報酬を受け入れることを拒否したり、あるいは受け入れることができないために生ずる失業である。しかしこのような「摩擦的」失業と「自発的」失業という二つの種類が失業のすべてである。古典派の公準は、私たちが「非自発的」失業（"involuntary" unemployment）と定義する第三の種類の可能性を認めないのである。

図5　新古典派経済学の失業対策

●「非自発的失業」は新古典派の理論ではありえない。

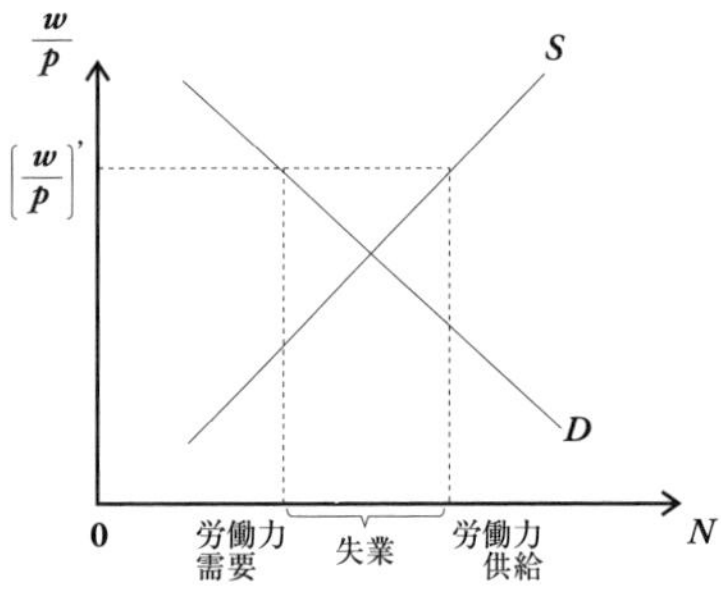

① 現行の賃金のもとで、労働力需要が少なく労働力供給が超過している場合もある（上図）が、そのように発生する失業を「非自発的失業」とみるべきではないと新古典派は考えている。

② 実質賃金を切り下げることができれば、労働力の新たな需要があらわれるのだから、高すぎる実質賃金$\left[\frac{w}{p}\right]'$が失業の原因であると考えられる。よって、労働組合が市場均衡に応じた実質賃金の切り下げに応じれば、失業は解消することができると新古典派は考えることとなる。

3　新古典派の失業認識

非自発的失業を認めない新古典派

新古典派はその理論体系の性格から失業の類型として「摩擦的失業」と「自発的失業」の二つしか認めることができない。したがって、新古典派の失業対策は、労働市場を構成する諸組織の効率化によって「摩擦的失業」を減らすか、賃金の伸縮性を高め失業増加時の賃金削減を認めさせて「自発的失業」を減らすか、いずれかの方策を求めることとなる。

　歴史的な経験に照らせば、雇用機会が少ないために労働者が不本意に失業するという「非自発的失業」は存在しているようにみえる。しかし、新古典派は、そのように考えない。それは、**図5**にみられるように、現代の制度である労働組合が高すぎる賃金を要求するために、そのもとで働きたいという労働者が多くなりすぎ、また一方で、企業が提供する労働力需要は少なくなり、そのギャップとして失業が現れているにすぎないという考え方に拠っている。この失業は、賃金が高すぎることからくる需要と供給の乖離であり、労働側が高すぎる賃金を要求しているという意味で、「自発的失業」に分類しなくてはならないのである。つまり、労働組合の存在が、労働市場の市場メカニズムを損なっているということである。労働組合が高すぎる賃金を要求したことから人々に雇用が行きわたらず、それより低い賃金で働いても良いと思う人々の雇用機会が奪われているという見方といえる。

このような労働市場の見方は現代日本社会にも強い影響力を与えており、労働市場の効率性や弾力性を高めることで失業を減らすことができるという考え方は根強い。ＯＥＣＤの「雇用戦略」が想定している失業は、まさにこの「摩擦的失業」と「自発的失業」であり、労働市場に対する政策によって失業率を下げ雇用を増加させることができると判断している。すなわち、民間人材ビジネスを盛んにすることで職業紹介の機会が増え、「摩擦的失業」が減少すると考える。また、労働者や労働組合が、企業が提供する労働力需要に対し、自由な市場の競争原理にしたがって、柔軟に労働力供給を行うように労働法や雇用慣行を組み立て直すことで、「自発的失業」を減らすことができると考えるのである。その思考パターンは、次のようにケインズによって描かれている。

人々は一般に現行の賃金のもとで働きたいと思うだけの仕事をほとんどしていないという事実から見て、上述の〔二つの失業の〕種類がすべてであるということが正しいだろうか。なぜなら、明らかに、貨幣賃金は現行のままであっても、労働需要さえあるならば、通常、より多くの労働が出現するからである。

古典派は、次のように論ずることによって、この現象を彼らの第二公準に適合させている。すなわち、現行の貨幣賃金のもとでの労働需要が、その賃金で働こうと欲するすべての人々の雇用される以前に満たされることがあるかもしれないが、このような事情は、労働者の間にそれより低い賃金では働かないという公然または暗黙の合意があるためであって、もし全体としての労働者が貨幣賃金の引き下げに同意するならば、より多くの雇用が出現するであろう、と。もしこのことが事実であるとすれば、そのような失業は、一見したところ非自発的なもののようにみえるが、厳密にはそうではなく、団体交渉の効果その他によって生ずる上述の「自発的」失業の種類に含めなくてはならない。

第2節　労働市場論の欠陥

1　新古典派労働市場論の内部矛盾

名目賃金の切り下げで実質賃金を切り下げることはできない　新古典派が、失業には「摩擦的失業」と「自発的失業」しかなく、「非自発的失業」は存在しないとみなすことができるのは、労働市場を含めた市場メカニズムへの信認からきている。また彼らは、この市場調整は伸縮的な価格の調整力によって実現されると考えている。

したがって、労働市場の調整においても、価格としての賃金の調整力が柔軟に発揮されることが期待される。

ところで、ここにおいて調整される賃金とは、実質賃金であるか名目賃金であるか。

縦軸に賃金を示し、横軸に雇用量を示す図上において、賃金の調整によって労働力の需要と供給が調整され雇用量が決定される。この調整の枠組みは実質経済の世界であることは明らかであり、経済学は、実質賃金の調整によって雇用量が決定されると論じなくてはならない。

では、果たして、労働者と使用者は、賃金交渉で直接的に実質賃金を調整することはできるか。そこでケインズは、労使が交渉する賃金は名目賃金（貨幣賃金）であるが、個々に交渉される名目賃金の改定によって、社会全体の実質賃金を改定することはできないのではないか、と提起した。実質賃金と雇用量を決定する原理を新古典派は有していないのではないか、という根本的な問題提起である。

> いっそう根本的な異議がある。第二公準は、労働の実質賃金は労働者が企業者と行う賃金交渉に依存するという考えから発している。
>
> 古典派理論は、労働者は貨幣賃金の引下げを受け入れることによって、常に実質賃金を引き下げることができると想定しているのである。実質賃金が労働の限界不効用に一致する傾向があるという公準は、労働者自身が彼らの労働報酬である実質賃金を決定することができる、ということを明らかに仮定している。
>
> 要するに、伝統的理論は企業者と労働者の間の賃金交渉が実質賃金を決定すると主張するのである。すなわち、使用者の間に自由競争が行われ、労働者の間に制限的な団結が存在しないと仮定す

れば、労働者は、欲するならば、彼らの実質賃金を、その賃金のもとで使用者によって提供される雇用量の限界不効用と一致させることができる、というのである。もしこのことが正しくないなら、実質賃金と労働の限界不効用との均等化の傾向を期待する理由はもはや存在しない。

2　賃金調整メカニズムの限界

賃金の切り下げは物価の低下をもたらし、失業減少につながらない　新古典派は企業と労働者の交渉によって実質賃金と雇用量が調整されると想定している。しかし、物価は賃金を大きな構成要素としており、労使の賃金交渉の結果は大きく物価に影響することが知られている。

こうした経験によることだけではなく、理論的にも、企業の賃金支払いは投入コストとして大きな割合を占め、産出価格の構成要素として大きな割合を占める。投入価格が減少すれば、当然、産出価格も低下する。したがって、名目賃金の低下は、物価の低下をもたらし、実質賃金の低下を小さなものとさせるか、全く、変化させないという場合もある。新古典派がその労働市場論において、名目賃金の交渉によって実質賃金を伸縮させ、雇用量を決定できると考えたことは理論の内部矛盾であり、論理的な欠陥なのである。

縦軸に名目賃金 w をとり、横軸に雇用量 N をとった**図6**に表してみると、労働者側が自分たちを雇ってもらおうと思って賃金を引き下げる行動をとると、労働力供給関数は下方にシフト（$S_0 \rightarrow S_1$）するが、これにあわせて、企業の労働力需要関数も下方にシフト（$D_0 \rightarrow D_1$）してしまうのである。したがって、名目賃金の切り下げによって失業を減らし雇用量を増やすことに大きな期待をかけることは、根本的な

図6　ケインズの失業理論

●ケインズによる新古典派批判

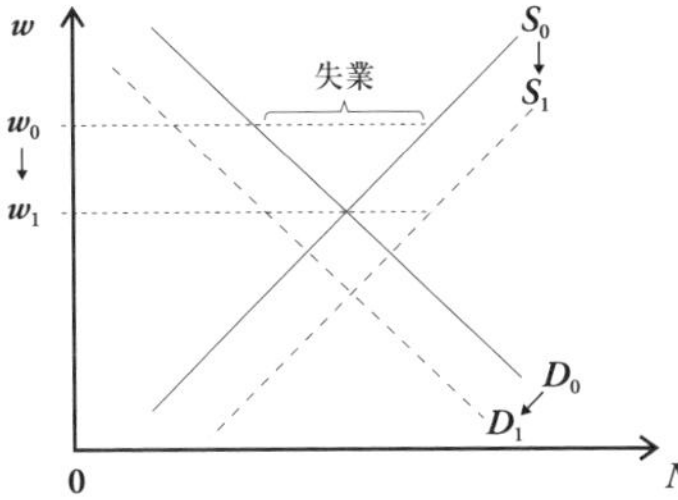

① 労使により交渉されるものは実質賃金 $\left(\frac{w}{p}\right)$ ではなく名目賃金 (w) である。
② 労使交渉により、名目賃金を引き下げても、労働力需要関数、労働力供給関数がともに下方にシフトして、失業は解消しない（商品価格の構成要素として賃金の割合は大きい）。
③ 実質賃金と雇用量を決定するものは、労働市場における調整ではなく、別の原理に従っている（有効需要の原理）。

誤りであるといえる。そのことをケインズは次のようにまとめた。

実質賃金の一般水準が使用者と労働者の貨幣賃金交渉に依存するという想定は明らかに正しくない。実際、そのことを立証したり反駁したりする試みが、従来ほとんどなされなかったのは不思議である。というのは、この想定は、価格は貨幣で表された限界主要費用によって規定され、限界主要費用を主として規定するものは貨幣賃金であると教えてきた古典派理論の一般的な趣旨ともまったく合致しないからである。**もし貨幣賃金が変化するなら、**人々は古典派が次のように論ずるのを期待したことであろう。すなわち、**価格はそれとほとんど同じ割合で変化し、実質賃金と失業の水準は事実上以前のまま**にとどまり、労働者にとってわずかな利益または損失があるとすれば、それは限界費用の構成要素のうち不変にとどまった他の要素の犠牲または利得によって生ずる。

ところが、彼らは、一つには、価格は貨幣量に依存するという考えがおそらく先入観となって、この思考の線から離れてしまったように見える。そして、労働者はつねにみずからの実質賃金を決定することができるという命題に対する信念は、ひとたび採用されてしまうと、次の命題と混同されることによって維持されてきたのである。労働者はつねに、いかなる実質賃金が完全雇用、すなわちある与えられた実質賃金と両立する極大雇用量に対応するかを決定することができるという命題がそれである。

3　有効需要の原理と雇用理論

「非自発的失業」の存在　ケインズは、『一般理論』の論考全体を通じて、一国の経済規模や雇用量を決定するのは有効需要の大きさであることを論証しようとした。

有効需要の大きさが一国の経済規模や雇用量を決定する原理は「有効需要の原理」と呼ばれる。一国の雇用量を決定するのは有効需要の原理なのであるから、労使の賃金交渉のみに依存して失業を減らすことはできない。有効需要の不足によって発生する失業が、まさに、「非自発的失業」なのである。ケインズは次のように記している。

以下の諸章において展開されるもう一つのいっそう根本的な異議は、実質賃金の一般水準は賃金交渉の性質によって直接に決定されるという想定に対するわれわれの反駁から導かれる。古典派は賃金交渉が実質賃金を決定すると想定する点において、不当な想定に陥っている。なぜなら、労働者全体が貨幣賃金の一般水準を賃金財によって測った値を、現行の雇用量の限界不効用と一致させるいかなる方法もありえないからである。**労働者全体が企業者との貨幣賃金交渉を改定することによって、実質賃金を一定の大きさに切り下げることのできるいかなる手段もありえない。**このことがわれわれの論争点となる。われわれは、**実質賃金の一般水準を決定するものは、根本的には、ある別の力である**ことを示したいと思う。この問題を明らかにする試みがわれわれの主要論題の一つになる。以下では、われわれの生活している経済がこの点に関して現実にどのような動きをするかについて、従来根本的な誤解があったことを論ずるつもりである。

新古典派経済学の性格

誤った理論を現実へ適用すると、誤った政策を導くこととなる。しかし、経済学者にとって、自らの経済理論を相対的にとらえることは極めて難しい。ケインズは自らの経済学の歴史性をはっきりとつかむことのできる希有の才能を持っていたと言えるだろう。

ケインズは、次の引用のように、新古典派の理論を自らの理論と対比させ、新古典派は、産出量一定のもとでの資源配分を論じた経済学だと規定した。その対比の中で、自らの理論は、その産出量の大きさの決定原理を示したものなのだと主張している。

経済理論の性格を正しく理解し、政策に応用することが重要である。経済理論の持つ性格を明らかにしようとする取組は、経済学の歴史性や思想性を明らかにし、政策への適用を妥当ならしめる不可欠の取組である。

価値および生産に関する理論の大部分の著書は、主として次の問題を取り扱っている。すなわち、一定量の利用されている資源の異なった用途への配分と、この量の資源の利用を仮定した上で、それらの相対的報酬およびそれらによって生み出される生産物の相対的価値を決定する諸条件がそれである。

これはリカードウの伝統に従っている。なぜなら、リカードウは国民分配分の分配と量とを区別し、後者についてては関心を持つことをはっきりと拒否したからである。この点において彼は自分の理論の性格を正しく評価していた。しかし、彼の後継者たちは洞察力に乏しく、古典派理論を富の原因に関する議論に使用した。

『雇用・利子および貨幣の一般理論』が意図したもの　ケインズは、自分の主張になぜ、「一般理論」という名称を付与したのか。

彼は、新古典派の主張は、完全な誤りという訳ではないけれども、完全雇用を無自覚にも仮定してしまっているととらえた。そのような理論を無理にも現実に応用しようとすれば、社会が破壊される。実際、そのような社会の危機が進行する時代だった。政策転換が希求されていたのである。

新古典派の主張はある特定の状態、ある特定の歴史段階にしか応用できないのであり、経済学は、それを超える「一般理論」を構築する必要に迫られていた。

私は本書を、一般という接頭語に力点をおいて、『雇用・利子および貨幣の一般理論』と名づけた。このような題名をつけた目的は、私の議論と結論の性質を、同じ問題に関する古典派理論のそれと対比しようとするところにある。古典派理論は、これまで私が教え込まれてきたものであり、また過去一〇〇年間がそうであったように、現世代の支配階級や学者層の実践的および理論的な経済思想を支配している。私は、古典派理論の諸公準が一つの特殊な場合にのみ当てはまり、一般的な場合に当てはまらないということを論じようと思う。なぜなら、古典派理論が想定している状態は、多くの可能な均衡状態の中の一つの極限点にすぎないからである。それればかりでなく、古典派理論が想定する特殊な場合の特徴は、われわれが現実に生活している経済社会の特徴とは異なっており、もしわれわれがその教義を経験の事実に当てはめようとすれば、人を誤り導き、災害をもたらす結果となるのである。(2)

第3節 労働経済学の行方

1 労働経済学の歴史

社会政策論と人口論から始まった日本の労働問題研究

新古典派の労働市場論は、『一般理論』によって提示された「有効需要の原理」と雇用理論によって超克されるべきものである。

ところが、現代日本社会において強い影響力を行使する現代経済学及びその労働

(2) J・M・ケインズ『雇用・利子および貨幣の一般理論』、第一章「一般理論」より抜粋。

経済学では、圧倒的に新古典派の影響力が強い。特に、労働経済学は、労働市場論と言い換えても良く、新古典派の社会観にとっぷりと浸されている。これに関しては、現代経済学の主流派形成の経過に影響されてきた面もあるが、本質的には日本の労働経済学の特殊な歴史的展開が基底にあると考えられる。

日本の労働問題研究は、本来は、社会政策論と人口論の伝統の中にあった。社会政策論は、まず、ドイツに生まれた。一八七二（明治五）年、ドイツに社会政策学会が設立された。ドイツは日本と同じように後発工業国として遅れて世界貿易に参加することとなったが、当時は遙か昔に産業革命を終えたイギリスに太刀打ちする産業競争力はなく、必然的に様々な労働問題を生じさせることとなった。そこで、スミスの自由貿易主義によっては産業を育成することはできないという見地から、ドイツの経済学は、国の発展段階を強く意識した「歴史学派」経済学として展開することとなったのである。このような学風の中に育った経済学者を中心に設立されたのがドイツ社会政策学会であり、そこでは労働問題を中心に国のとるべき社会政策についての提言活動がなされた。

日本の社会政策学会は、ドイツに範をとり一八九六（明治二九）年から活動を開始した。後発工業国であり国際競争力の相対的に低い国家として、日本はドイツと似た境遇のもとにあったことから、日本ではドイツの経済学動向に関心を持つ経済学者が少なくなかった。また、労働問題を研究する方法論として、イギリスの経済学者マルサスが一八世紀末に出版した『人口論』によるものもあった。この立場は過剰人口からくる貧困研究であり、人口抑制が重視された。

高度経済成長期に定式化された日本の労働経済学

日本の社会政策学会は第二次世界大戦前に活動を停

止させられ、戦後、再建されるという歴史をたどったが、労働問題研究は、基本的には、この社会政策論と人口論の伝統の中にあったといえる。

日本の労働問題研究に労働経済学が本格的に紹介され、その活用が提案されたのは、高度経済成長期の入り口に立った時代である。一九五四（昭和二九）年、隅谷三喜男の論文「賃労働の理論について──労働経済学の構想」の公表によって日本の労働経済学は産み落とされた(3)。同論文は、商品としての労働力を人間から切り離して考えてはならないことを踏まえ、そこに労働力商品の特殊性を見つけながら、慎重に、労働問題に市場経済学を適用しようとしたものであった。これは、それまでの社会政策論や人口論の成果を否定するものではなかったが、社会政策論の伝統の中で育った人々には少なからぬ反発があった。しかし、社会政策論の側でも、氏原正治郎や高梨昌などのメンバーが、同論文の問題提起を受け止め、その後の研究活動に活かし始めたことから、労働経済学は着々とその地位を高めた。

また、高度経済成長期の日本経済は、その政策論として労働市場の概念を活用した。農村の過剰労働力を都市工業へと流し込み、短期間で成長と工業化を達成するには、労働力を商品として規格化し、市場を通じて労働力配置を行うことに、時代の合理性を認めなければならなかった。この時代の労働政策は、労働市場政策でなくてはならず、大量の労働移動を円滑に実施し、しかも、その市場取引を通じて労働者の安全や健康を維持・増進するという政策構造をとらざるを得なかったのである。

(3) 東京大学経済学部『経済学論集』第二三巻第一号に公表されたもの。後に、同著『労働経済論』に再録された。

社会政策論からの横滑りとそこに潜んでいた危険　こうして、労働経済学は労働問題研究の主流へと一気に駆け上がることとなったが、そこには二つの問題が隠されていた。

第一の問題は、日本の労働経済学が高度経済成長期に定式化されたことから、完全雇用を無自覚に前提としてしまったということである。もともと、新古典派の労働市場論では、「非自発的失業」の分析を扱うことができない。このような限界性をもった経済理論が広く行きわたり定着してしまったのは、高度経済成長という、当時の勢いのある時代背景抜きには考えることができない。労働経済学は、高度経済成長のもとで実態をよく説明しているように見え、また、実際の労働政策にも活用されたことから、学問的権威を確立していったといえる。

第二の問題は、労働問題研究の領域から政治経済学の伝統が失われ、市場経済学へと傾斜したということである。人間と社会の問題を対象とする労働問題研究は、もともと、その体系化に著しい困難性を有している。人間とは一人ひとり多様性をもった存在であり、人間関係を基礎として構築される社会は、その運営のために、価値と価値のぶつかり合いの中から、社会の選択を行う政治過程を不可欠の要素とする。したがって、労働問題研究は、本来、政治過程の分析を抜きには考えることができない。労働問題研究の中心にあった当時の社会政策論は、常に、政治的な動きに翻弄される宿命をもっていた。これに対し、市場経済学を労働問題に持ち込んだ労働経済学は、市場価値という一つの価値尺度をもって、研究体系を構築することに成功した。しかしそれは、社会政策論の伝統を引き継いだ人々にとって、素直には承服しかねる解決方法だったのである。

ところが、日本の労働問題研究は、このような問題性をもった労働経済学へ完全に横滑りしていくこととなった。その背景として、多くの研究者の間に、労働市場論の活用によって社会政策論の中に生じた厳しい政治的対立をできるだけ回避したいという心理が広がったことが挙げられるだろう。(4)

2　保守化する労働経済学

労働経済学の持つ限界性

労働市場論を中心に置く労働経済学は、「労働市場」という自らの分析装置の限界を十分に承知しなくてはならない。労働力の売買が行われる労働市場とは、分析上の概念であり、一種のフィクション(擬制)である。労働問題研究において、労働市場概念を用いる場合、他の商品市場との違いとして、少なくとも、次の三点を踏まえておかねばならない。

第一に、労働力の売買にあたって労働者と使用者との関係が対等でないことが歴史的な経験から知られている。労働力を供給する労働者は個人として単独で労働市場に参加し、労働力を一括して購入する企業側と対峙することとなるが、一般的にも、個人と企業が対等な関係にあるとは考えにくく、社会的な制度によって両者の対等な関係をつくり出さなくてはならない。そのための社会的な制度の中心が、

(4) 戦後、再建を果たした日本の社会政策学会は、社会政策本質論争という激しい路線対立を引き起こしていた。これは戦後労働立法や農地改革などの戦後改革の歴史前進的な意義を学会が正しく評価できなかったことに遠因があった。ただし、こうした誤りは、今だからこそ指摘できるものの、当時は、戦後改革の「逆コース」化への警戒感からやむをえない面もあった。こうした状況を踏まえつつ、社会政策学会の中にあった氏原正治郎、高梨昌のグループは実証研究によって、この誤解を解きほぐしつつ戦後労働政策を発展させることを構想し、一定の成功を収めた。しかし、その方法論の中心に「労働市場」概念をすえたことは、その後、市場経済学のインキュベーター(孵化器)として作用し、新古典派経済学に主導された労働経済学の成立を許すという、全く意図せざる結果をもたらすこととなった。この経過については、高梨昌「私の労働問題研究四五年の歩み——社会との関わりのなかで」(『信州大学経済学論集』第三〇号、一九九三年三月)を参照。

労働組合などによる労働者の団結権、団体交渉権、争議権なのである。

第二に、労働力は、労働者が生きる糧を得るために販売するものであるから、労働者はこれを使わないままにしておくということはできず、したがって、自らの労働力が高く売れるまで待つなどして、労働力供給を自在に調整するということはできない。むしろ、労働者は、労働力を需要する企業側の条件に合わせて供給する傾向をもっているのである。

第三に、労働力需給は、国民経済的にみると労働力供給超過で推移する傾向が強く、労働力需給が均衡するのは、景気循環過程における好況局面の、特に、最も景況感が良くなった時に限られるのが普通である。また、そのような好況の局面においても、労働力は在庫がきかないため、在庫の取り崩しがありえず、需要超過部分はすべて賃金と物価の上昇につながり、需要超過の利益は労働者側には発生しない。一方、景気後退局面では、供給超過の不利益は失業の発生として労働者の負担になるのである。

自らの歴史性や限界性を知らない労働経済学

労働市場論には大きな限界がある。労働経済学の理論は、新古典派経済学のおかげで美しく体系化されているが、その理論の現実への応用には極めて慎重でなくてはならなかった。しかし、日本の労働問題研究が社会政策論の伝統から労働経済学へと大きく横滑りを起こして以来、すでにかなりの時が経過した。初期の労働経済学は自らの歴史性や限界性を認識していたかもしれないが、現代においてはそのような認識は残されていないようにみえる。労働経済学の世代交代が進み、市場経済学の原理的な理解によって学界の自己再生が行われた結果、労働経済学から、人間や社会の問題を扱うという現実感が薄れ、自らがつくり出した抽象世界を現実として信じ込むような研究者を生み出している。

労働経済学は、現実との緊張関係を失い、その内部的な世界に閉じこもり保守化し、排他的な性格を持つようになってきている。(5) 労働経済学が、今後も、このような態度をとり続けるならば、学問としての生命力が失われることは間違いないであろう。

3　転換期の日本社会と政策研究

進行する研究分野の細分化と専門化　現代社会のさまざまな分野で進行する、とめどもない専門化傾向とその持つ問題性は、マックス・ウェーバーの筆によって、次のように表現されている。

近代資本主義の精神の、いや、それのみではなく近代文化の本質的構成要素の一つたる職業的観念の上に立った合理的生活態度はキリスト教的禁欲の精神から生まれた。しかし、今日では禁欲の精神はこの外枠から抜け出してしまっている。勝利をとげた資本主義は、機械の基礎の上に立って以来、この支柱をもう必要としない。今日この「使命たる職業の遂行」が直接に最高の精神的文化価値に関連せしめられえないところでは——あるいは同じことだが主観的にも端的に経済的強制と

(5)日本の労働経済学を代表する『日本労働研究雑誌』は、二〇〇二年七月号で拙著(『市場中心主義への挑戦——人口減少の衝撃と日本経済』)の書評を掲載したが、その内容には主流派の保守性が遺憾なく発揮された。さらに、その書評に対する著者のリプライをもとりあげないという著しい排他性をみせた。この経過は拙稿「転換期の日本社会と政策研究——人口減少問題をめぐって」(連合総合生活開発研究所『連合総研レポートＤＩＯ』No.１９７、二〇〇五年九月)に詳しい。

しか感じられないところでは――各人はその意味をおよそ詮索しようとしないのが通例である。今日営利のもっとも自由な地方であるアメリカ合衆国では、営利活動は宗教的・倫理的な意味をとりさられているために、純粋な競争の感情に結びつく傾向があり、その結果スポーツの性格をおびるにいたることさえ希ではない。

そして、こうした文化発展の「最後の人々」にとっては、次の言葉が真理となるであろう。「精神のない専門人、心情のない享楽人。この無のものは、かつて達せられたことのない人間性の段階にまで登りつめたと自惚れるのだ」と。(6)

学際分野としての労働問題研究の発展を目指して　現代社会発展の原動力である合理的な精神は、歴史的にみると、もともとは宗教的な精神性や伝統的な生活態度に基礎を置いていた。しかし、一度、社会発展の原動力として、合理的な精神活動に弾みがつくと、その自己運動が始まり、宗教性や伝統性をそぎ落としながら、社会の隅々にまでその精神が追求されるようになっていった。

ウェーバーは、このようにして合理的な没主観性やとめどもない専門化が進展していくのだと見定めた。また、それを支える組織原則が官僚的支配である。組織は階層的に編成され、個人的動機や感情的影響を排除し、形式主義的に、あるいは合理的規則に従って、諸事業を遂行することとなる、とウェーバーは述べている。(7)

このような傾向のもとに、様々な組織が官僚化し、そこに働く人は専門的な訓練を受けた職業人であることが強く要請され、大学などの教育機関もその圧倒的な影響のもとに置かれることとなる。そして、かつて教育の理想とされた教養人の養成から、専門試験制度を培うような専門人の養成が、教育機関の目的と化す。現代の高等教育機関もまた、現実社会との緊張感を欠きながら、研究分野と研究内容のとめどもない専門化を推し進めていると言えそうである。

ここで、今後の労働問題研究の方向性が問題となる。一つの道は、社会の専門化が不可避であるとみて、研究の世界でも一層の専門化を推し進めながら、その理論的限界性を意識して、現実や政策への理論の適用に制限を加えるという禁欲的な態度を身につける方法である。しかし、すぐさま付け加えねばならないが、果たしてそのようなものに如何なる社会的意義を見つけることができるであろうか。

一方、もう一つの道がある。複数の研究分野の融合や学際的研究活動の展開によって、柔軟に問題にアプローチしながら、社会から提起されてくる労働問題に対し価値規範をもって取り組み、研究を進めていくという方法である。この方法は、かつて日本の多くの教育機関が備えていた教養重視の人格陶冶的な研究、教育態度を復活させることによって開かれると言ってよい。

現代の日本社会では、人と命の価値が揺らいでいる。合理的に遂行される組織的活動や経済的活動のもとで、人は生きる意味を見失いかけている。人は、自ら生きる意味を見出し、ともに生きる人々と、それぞれの価値を認め合いながら社会的価値を形づくる。ところが、合理的精神によって運営される市場経済では、社会の隅々まで市場価値による価値決めが徹底され、言葉の力によって、互いの価値を認

(6) マックス・ウェーバー『プロテスタンティズムの倫理と資本主義の精神』、第二章「禁欲的プロテスタンティズムの職業倫理」、二「禁欲と資本主義精神」より要約。

(7) マックス・ウェーバー『経済と社会』、第二部第九章「支配の社会学」を参照。

め合うことが乏しくなっている。言葉によって表現される価値は、市場で商品を流通させる市場価値と違って、受け手の心と著しい摩擦を引き起こす可能性がある。本来、こうした摩擦は、人間の成長プロセスにとって不可欠な要素である。しかし、それを避けることが合理的とされる風潮が高まっている。このため、一人ひとりが心に抱く価値は、それぞれの心の中に秘めておくという態度も広がった。市場価値を用いて社会生活を営むという態度が、ますます市場価値の絶対性を高めている。

こうした経過の中で、一人ひとりの人間は、何故、今、ここに生きているのかということに確信が持てなくなってしまっているのではないだろうか。人は、本能的に社会的な生き物であり、社会の中で、お互いの価値を認め合い、人と人とのつながりの中で生きていく。労働問題研究がその社会的なつながりに対し、市場価値の体系ばかりを活用したことは、大きな誤りを含んでいたと言わざるをえない。

人々が幸せに生きていく社会を目指すためには、正しい人間理解のもとに、人々の関係性とその間の距離感を見はからいながら、心に届くメッセージを創り出し送り届けることで、社会統合のためのより大きな価値を形成していくことが大切である。これを実現する能力は、人間がもつ政治的な能力であるが、市場価値が優先される社会の中で暮らす現代人は、こうした能力を著しく低下させている。

人間や社会を扱う労働問題研究は、人々の幸せを考える学問的営みでもある。社会を構成するすべての人々の幸せのために、研究者は如何なる行動をとり、社会全体に対して如何なる解決策を提案すべきなのか。こうした価値判断から問題意識を形成し、学際的な政策研究として結実させることを目指し、これに応えうる政治経済学の伝統を復活させることが、今こそ求められているのではないだろうか。

第Ⅲ部　経済思想の変革と創造

終章　価値創造のための社会システム

経済学には歴史性があり、思想性がある。現代日本社会では、アダム・スミスの流れをくむ新古典派経済学が強い勢力を築き、経済運営や政策検討などの様々な場面でその思想性を遺憾なく発揮している。そして、その持つ歴史性ゆえに、発展した現代の社会生活と著しい摩擦を引き起こしている。未来に向けて生きる人々の感性は、スミスの思想に支配された現代経済学に直感的な疑いを感じている。しかし、それに代わる新しい経済学を生み出すことができていないために、加速する自由主義市場経済の力は、容赦なく人々の感性を押しつぶしていく。

人は自らの持つ生命の力に促されながら新たな価値の創造に向け、多様な可能性を様々に追求しようとする。ところが、市場価値という単一の、また、絶対的な価値基準によって運営される市場経済システムは、その多様な価値創造活動を市場価値の枠組みの中でしか評価できない。人々が自らの価値観を維持し、正当化するための方法は、今日、市場において価値が認められることへと収斂せざるをえない。そして、そのことが、命を持つ人の様々な可能性を奪い、日々の生活から、生きがい、働きがいを奪うという閉塞的状況を生み出している。

本来、人は、価値を表現する方法として言葉をもっている。人と人との関係を読み解き、相手の心へと届くメッセージを生み出すことによって、人々の共感の輪を広げ、社会的な価値を創造することができる。人は言葉の力によって社会を動かしてきた。このような人の能力は、極めて政治的な能力であり、子どもの頃から、また、日々の生活を通じて養われる。ところが、現代社会に生きる人々は、市場経済システムの中で市場価値に依拠して生活し、互いの関係を調整してきたために、言葉と行動によって社会に働きかける政治的能力を著しく損ないつつある。便利な文明の利器が人々の筋力や思考力を衰えさせてきたのと同じように、市場経済は人々から政治力を奪い去ってきた。

そして今、現代文明は、根幹的な危機に直面している。人々に様々な利便を提供してきた市場経済システムそのものの生命力が急速に衰えてきているのだ。このままでは、様々な可能性をもった人類の文明が、自由主義市場経済の運命とともに共倒れになりかねない。自由な市場経済は、それが成長局面にある場合には、不安定性を伴いながらもダイナミズムを持ち、様々なフロンティアを切り開いていくことができる。ところが、人口、資源、環境の諸制約に直面すると、その状況は完全に逆転する。

この終章では、本書全体の論考を踏まえ、人口減少に転じた日本社会にふさわしいシステムとその新システム構築に向けた経済学の革新について検討する。まず、第1節「ケインズ理論と経済学の革新」では、スミスの経済学に対しケインズが主張した変革のポイントを雇用理論の中に見つけるとともに、それが現代において希求される社会権の基礎理論でもあることを論じる。次に、第2節「人口減少社会の理論と政策」では、ケインズ雇用理論を発展させ、人口減少によって成長が制約される市場経済の運命について論じ、今後とるべき対応として、現代経済学主流派に対峙する政策理論を提案する。そして、第3節「人と命の価値を求めて」では、これら経済理論や政策理論の検討に基づき、市場価値の体系を乗り越え、社会的価値の創造に積極的に取り組むことのできる新たな社会システムづくりについて考える。

第1節　ケインズ理論と経済学の革新

1　有効需要の原理とその意義

有効需要の大きさが一国の経済規模と雇用量を決定する　現代経済では、貨幣の流通に仲立ちされながら商品の売買が行われ、経済の再生産活動が繰り返されていく。このような経済循環は、生産、分配、支出の三つの側面から表すことができる。まず、労働者や企業家の活動によって製品やサービスが生産される。次に、この生産活動への貢献に応じて、賃金や配当、利子などの所得が生産活動に参加した社会各層へと分配される。そして、これらの分配所得をもとに貨幣が支出され、製品やサービスの需要が生み出される。

このように、生産、分配、支出は、経済循環の三側面をとらえたものであることから、それらは、一つの経済事象に対する三通りの表現であるとみることができる。したがって、一国の経済活動の大きさを生産、分配、支出の面から計測した、国内総生産（GDP）、国内総所得（GDI）、国内総支出（GDE）の大きさは必ず一致する。これは三面等価の原則と呼ばれている。

関係式Ⅰ（次頁）に示されるように、国内総生産は、消費支出、投資支出、政府支出、純輸出（輸出－輸入）の和に等しい。右辺の各支出項目の総和は国内総支出を示しており、ここに示された式は、三

関係式Ⅰ　有効需要の原理

$$Y = C + I + G + (X - M)$$

Y　：国内総生産（GDP）
C　：消費支出
I　：投資支出
G　：政府支出
X－M：純輸出（輸出－輸入）

面等価の原則のうち、国内総支出と国内総生産が一致しているということを表している。

ケインズが『雇用・利子および貨幣の一般理論』で定式化した「有効需要の原理」とは、この恒等的な関係を、右辺から左辺に向かって読むということである。すなわち、総支出が総生産を決定する因果関係の存在を主張したのである。消費支出、投資支出、政府支出、純輸出という貨幣の裏付けをもった支出の総額（国内総支出）が一国の総需要であり、この総需要の大きさが、総生産（国内総生産）の大きさを決定する。

資源配分の経済学から価値創造の経済学へ

ケインズは、古典派経済学及びその基本認識を継承した新古典派経済学を、ともに「古典派経済学」と呼び、自らの経済学の革新性を対比的に際だたせた。

新古典派経済学は市場競争と価格調整メカニズムを通じた資源配分の経済学である。一方、ケインズの経済学は、一国の経済規模とその決定の原理を扱う経済学である。経済活動に参加する人々が新たに創り出す価値の大きさを市場価値で表したものが付加価値であり、その総和が国内総生産である。「有効需要の原理」とは、この国内総生産の規模が国内総支出の規模によって決定されるということを示している。新古典派は、市場を通じた資源配分に関心が傾き、創造される価値の大きさについては暗黙のうちに仮定してしまっている。これに対し、ケインズは、創造される価値の大きさを経済研究の中心的課題にすえることで、社会に生きる人々は如何にしたら新たな価値を創造できるのか、という課題を究明する経済学体系を提案した。

2　ケインズ雇用理論と失業認識の転換

新古典派の二つの失業類型とその理論的限界

ケインズ理論の革新性は、新古典派経済学の失業認識と対比させることによって明らかになる。新古典派は、一九三〇年代の大量失業の時代にあっても、その理論的制約から、前章で見てきたような二つの失業類型しか認めることができなかった。それは、第一に「摩擦的失業」であり、経済・社会構造の中で求職者に一定の求職期間が必要なことから生じる失業である。また、第二に「自発的失業」であり、求職者が求人条件に合わせた求職活動を行わないことから生じるもので、たとえば高すぎる賃金を要求するなど求職者側の要因から生じる失業である。市場メカニズムに信認を置く新古典派は、このように失業の発生という社会的問題を労働市場の機能不全としてしか理解できなかった。したがって、その失業対策は、労働市場の市場調整機能を高め、失業を削減することが基本とされた。すなわち、労働市場の需給調整メカニズムを高めることで「摩擦的失業」を低下させ、人々に賃金の低下を認めさせることで「自発的失業」を解消するという方法が政策論の骨格となった。この思考の道筋は、一九三〇年代の大量失業の時代においても、また、それから六〇年以上が経過した一九九〇年代のOECDの「雇用戦略」においても同様であった。

ケインズの失業認識と「非自発的失業」の論証

誤った経済理論は誤った経済政策を導く。経済学は、経済政策の企画、立案、運用にとって不可欠な社会の知識であり、偉大な存在ではあるが、同時に極めて危険な存在でもある。歴史的事実をもとに理論化される経済学は、歴史的な存在であることが強く認識される必要がある。

経済学を生み出したアダム・スミスは、総需要が力強く拡大する一八世紀のイギリス経済に生きていた。労働力需要の拡大に疑いを持つ必要はなかった。古典派経済学から新古典派経済学へと継承される主流の理論の中では、失業問題は、「摩擦的失業」と「自発的失業」を抑制すれば、その分、雇用を拡大させることができるものとして処理された。新古典派はこのような理論上の制約を抱えている。

一方、ケインズは一九三〇年代の停滞するイギリス経済に生き、一国の総需要の伸びに力強さを欠き、労働力需要の量が不十分であることを目の当たりにした。このような時代に生きたケインズは、第三の失業類型として「非自発的失業」の存在を主張した。有効需要の不足ゆえに、社会は、働くことを希望する人々にふさわしいだけの仕事を創り出すことができず、その結果、仕事に就くことを希望していながら、就職することができない状況が生み出されるとみるのである。

新古典派は、本人が希望していながら、就職できないという社会状況を理解できない。その理論的制約ゆえに失業問題を正しく認識することができない。新古典派の論理と思想からすれば、働きたければ、働けばよいのであり、労働条件さえ問わなければ働けないことはないだろうと考える。ケインズは、『一般理論』において、「非自発的失業」の存在を論証したが、そのことは、経済学の理論的革新であったと同時に、人間や社会に関する認識の思想的な革新でもあった。

働くことを希望する人々の意思を尊重し、人間の創造的な活動を引き出すためには、個人の熱意や創

図7　労働力の需給と失業の発生

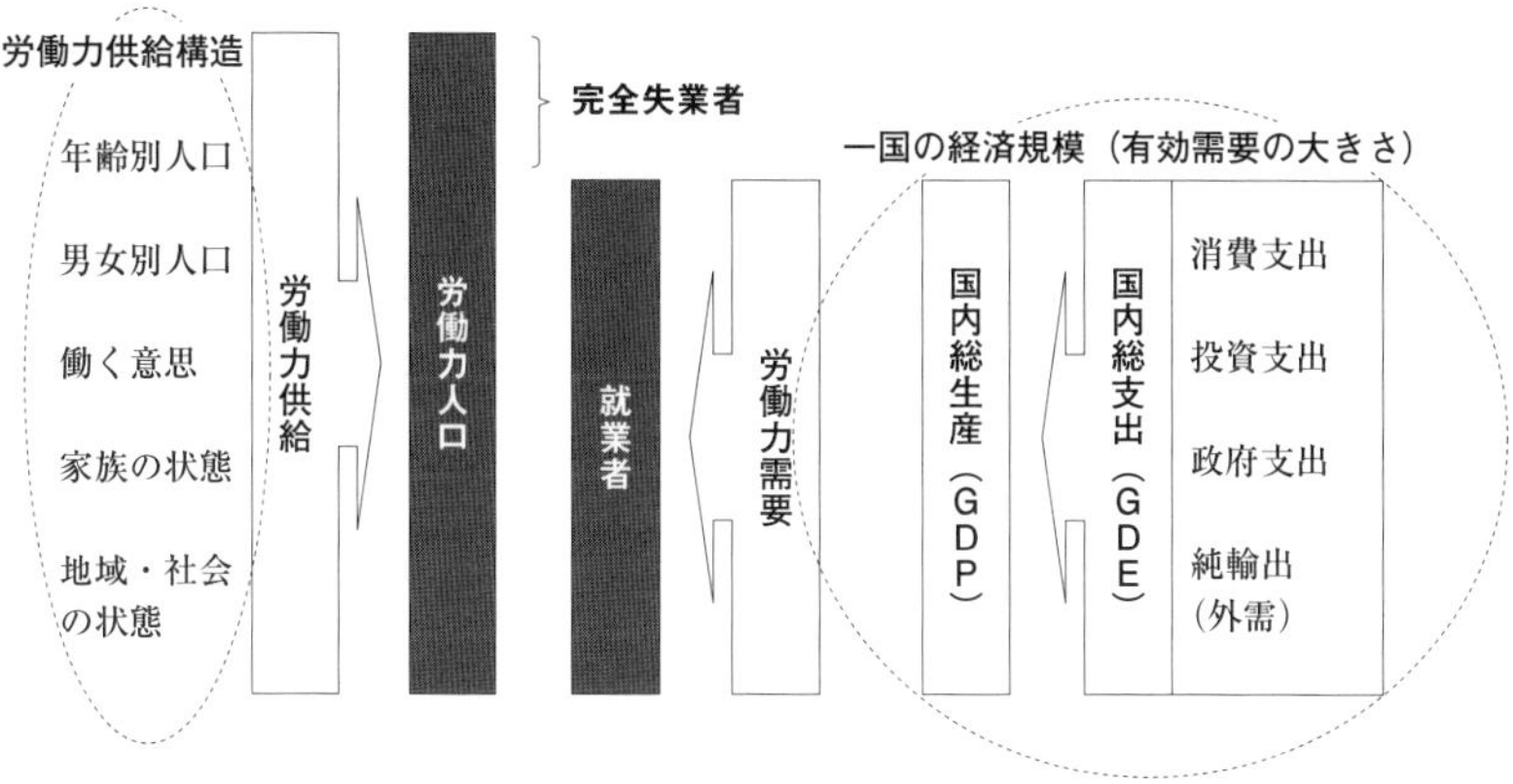

意に期待するだけではなく、社会全体で取り組まなくてはならない課題が存在するのである。

有効需要の原理とケインズ雇用理論　ケインズ雇用理論は、図7「労働力の需給と失業の発生」のように模式化することができる。

まず、一国の経済の中で、労働力供給は労働力供給構造に規定され、決定される。人は養育期間を経て仕事に就き、働き、一定の年齢に達して引退する。人口の規模と人口構造とが、労働力供給の大枠を決定する。また、子どもを生み育てる夫婦と家族の状態も労働力供給を左右する。さらに、子育て中の家族を支援し、また、歳をとり引退する人々を受け入れる地域・社会のあり方も労働力供給に影響を与える。これらの客観的な社会状況に加え、人々の仕事に対する主体的な意思も労働力を供給するという行為を生み出す。そして、労働力供給は、統計上の労働力人口という概念によって把握される。

一方、労働力需要は一国の経済規模によって決定される。

国内の各需要項目が国内の総需要（国内総支出）を創り出し、総生産の規模（国内総生産）を決定する。これが、「有効需要の原理」である。労働力需要は国内の生産活動のために必要とされる労働力の量であり、国内総生産の規模が、労働力需要を決定する。そして、労働力需要の大きさは、統計上の就業者という概念で把握される。

このように、別々に決まる労働力供給と労働力需要は一致する保証はない。働きたいと願う人々にふさわしいだけの仕事の量が存在しない、ということは容易に起こりうる。統計上は、労働力人口と就業者のギャップが完全失業者となる。完全失業者の「完全」とは、統計上の失業の概念的要件を完全に満たしているという意味で、仕事に就いていないこと及び仕事に就く意思があることをともに確認できる人々である。

ケインズ雇用理論における失業の三類型　このようにして社会に現れ、統計的に把握される失業の内容は、三つに類型化される。

第一に「摩擦的失業」であり、経済・社会構造の中で求職者に一定の求職期間が必要なことから生じる失業である。

第二に「自発的失業」であり、求職者が求人条件に合わせた求職活動を行わないことから生じる労働者の自発的な失業である。

第三に「非自発的失業」であり、社会全体として有効需要が不足するために、仕事に就く意思を持ちながら仕事に就くことができないという失業である。

「摩擦的失業」と「自発的失業」は統計上失業として現れるが、これらは潜在的な労働力需要があるにもかかわらず、経済・社会構造や求職者の意思などが障害となって労働力需要を顕在化させることができなかったものである。したがって、この失業に対しては、労働力需給調整に関する社会の仕組みを改善することによって、求職活動期間を短縮したり、または、求職者に社会に存在する仕事の実態と労働条件を正しく理解させたりすることが、政策的に有効である。これらの失業を削減する政策的努力は、そのまま、一国の就業者の増加につながる。

しかし、失業の内容は、これらだけではない。社会全体として、有効需要が不足することから生じる失業も存在する。これがケインズが論証した「非自発的失業」である。

失業類型は概念的なものであるため、現実社会において、これらを相互に峻別することは難しいが、大切なことは、ケインズ雇用理論による経済学の革新のもとで、「非自発的失業」は存在するという現代的な社会認識を持つことである。現代社会は、自己責任論で物事を割り切って考えることができるような単純な社会ではない。人々の創意を活かすためにも、社会全体での取組が求められているのである。

3　完全雇用と社会権の思想

ケインズ雇用理論が意味するもの

完全雇用とは、働きたいと願う人々に雇用を行きわたらせる雇用政策の目標的概念である。こうした目標を政策的に構想できるようになったのは、ケインズ雇用理論の登場によって現代的な雇用・失業の認識が深められたことに拠っている。

ケインズ雇用理論の意味するものは、次の三点にまとめることができる。

第一に、社会の生産規模と雇用量は、「有効需要の原理」によって決まるのであり、総需要が不足するもとでは、賃金の自動調節的な機能によって失業解消を図る政策は妥当でないばかりか、社会に生きる人々に著しい負担をかけ、耐え難い社会不安を惹起する。総雇用量は総需要の大きさによって決まることから、働きたいと願う人々が仕事に就くことができるよう、社会全体として雇用機会の拡大に取り組む必要があり、雇用政策は、完全雇用への誘導を政策目標としなくてはならない。

第二に、賃金水準は、その社会での生活状態や生計費の水準などを基底におきながら、労使関係、労働組合の交渉力、労働関係法制のあり様など社会的な関係のもとに決定されるものであり、決定された賃金は、市場経済における自由競争の前提と考えるべきである。労働市場において、労働力の需要と供給を調整するように賃金が決定されるという見方があるが、そのような調整は現実的なものではなく、むしろ、賃金水準は、その社会の一般的な物価水準を規定しているのであって、賃金とは、その社会の歴史的、文化的な事情によって決定され、市場の外部から外生的に与えられる極めて社会的なものととらえねばならない。

第三に、その社会の雇用量、賃金水準などの労働条件一般については、市場で成立したから最適だと考えるのではなく、人間が人間らしく生きるという観点から、常に評価を加え、修正し、規制を加えていくものだと考えるべきである。ここに、完全雇用、公正労働基準、労使コミュニケーションを推進する労働政策の存在意義がある。

社会権の思想とそれを具体化する政策理論

基本的人権はまず、個人の自由が侵害されない権利、すなわち自由権として確立された。[1]自由権は、一八世紀的な権利であり、自由主義市場経済を発展させる社会的な基盤を提供するものであった。しかし、経済拡張の歴史的経過と社会の成熟化に伴って、自由主義市場経済がもたらす不平等が強く意識され、経済発展を持続させるためにも経済活動を支える労働力の量的・質的な維持に政策的に取り組むことが不可欠となった。自由権によって運営された社会が、次第に、何らかの労働政策を必要とするようになっていったのである。しかも、市場を通じた自由競争が国家間の無制限な経済競争を引き起こし、世界全体を巻き込んだ世界大戦を引き起こすに至り、国際労働立法に取り組むという課題が、人類共通の課題となった。ここに、二〇世紀的な権利として、すべての人が人間らしい生活を営む権利、すなわち社会権[2]が確立された歴史的必然性がある。

政府の積極的な活動によって保障される社会権を、現実に社会の中で活かしていくためには、具体的な立法活動や政策運営を必要とする。現実社会に働きかける政策には経済学による理論的裏付けが必要となるが、ケインズ雇用理論は、まさに社会権に形を与える政策理論として生み出されたものなのである。

(1) 自由権とは、個人の自由が国家権力の干渉、介入を受けることのない権利であり、イギリスでは権利章典（一六八九年）、アメリカではアメリカ独立宣言（一七七六年）及びアメリカ合衆国憲法（一七八七年）、フランスではフランス革命の人権宣言（一七八九年）及びフランス憲法（一七九一年）などの形をとり、①生命、身体の自由、②集会、結社の自由、③思想、良心の自由などが保障されるべき自由の内容とみなされた。

(2) 社会権とは、個人の生存、生活の維持・発展に必要な諸条件を確保するために国家に積極的な配慮を求める権利であり、①生存権、②教育権、③勤労権、④勤労者の団結権・団体交渉権、争議権などが主な内容となっている。日本国憲法では、それぞれ第二五条、第二六条、第二七条、第二八条に定められている。

第2節　人口減少社会の理論と政策

1　人口減少と市場経済

自由主義市場経済の欠陥　ケインズは、自由主義市場経済の欠陥として、完全雇用が達成できないことと、大きな所得格差の存在を指摘した。有効需要が不足する傾向のもとでは、働くことを希望する人々に十分な雇用機会を提供することはできない。また、富が富者に集中する格差拡大傾向のもとでは、富者の貯蓄性向が高いことから、恒常的な過剰貯蓄を引き起こす。格差の拡大は消費の抑制を通じて有効需要をさらに不足させる。

市場メカニズムによる自由競争のもとでは富者と貧者との間に大きな所得格差が生み出されるが、富者の貯蓄性向の高さや富者への所得の集中は過剰貯蓄の状態を生み、有効需要の不足傾向を招き寄せ、社会的に耐え難い失業問題を増幅させる。これがケインズの結論であった。

当然、このような形で指摘される市場経済の欠陥は、市場メカニズムに信認を置く新古典派経済学のグループにとっては、受け入れ難いものである。自由主義市場経済を重視するグループからすれば、市場での自由な競争こそが、人類発展の原動力なのである。したがって、この競争から生じる勝利と敗北は、競争の前提として機会の平等が保証されている限りは、社会的に受け入れるべきものとみなされる。

しかし、今日における新古典派経済学の自由主義の観念は、市場経済が力強く発展した時代の残映にすぎない。スミスの時代がそうであったように、人口増加と海外発展により無限とも思えるフロンティアが存在する社会においては、現在の消費をできるだけ削減し、生み出された富の多くを、次の発展に向け再投入した方が経済成長に役立つ。投資機会があり余るほど存在している成長社会では、消費を削減し投資に回すことで、資本蓄積が進み、さらに成長が加速される。投資の拡大は保証されており、消費の削減は必ず投資の拡大につながり、より大きな所得の拡大を生み出す。つまり、現時点で消費してしまったならば決して獲得することのできない将来の経済拡張を導き、より大きな所得と消費を生み出すことができる。

現時点で消費するよりも、先を見越した投資によって、より大きな所得と消費を創り出せることを発見した社会においては、消費よりも投資が優先され、将来を見越した投資活動の成功者に富が集中することは善なのだ、という経済観念が生じてくる。このように、自由主義市場経済の観念は、市場競争による勝者と敗者の存在を受け入れるとともに、勝者が人類発展の強力な牽引役であると考える。

完全雇用が達成できないこと、また、所得格差が拡大することを問題として指摘することは、自由主義市場経済の思想的中枢をたたくことである。新古典派は思想的にもケインズの主張を受け入れることはありえない。ここに両者の大きな思想的な対立が存在しているのである。

人口減少への転換と自由主義市場経済の運命

ケインズの『一般理論』は、経済理論の書であると同時に、新古典派に彩られた経済学の観念を革新する思想の書でもあった。『一般理論』は、完全雇用の達成と格差の是正を政策運営の基軸に据えるために、新古典派に対し、理論的かつ思想的な戦いを挑んだのである。

しかし、残念ながら、今日においても新古典派の思想は根強く、ケインズの試みは成功していない。

自由主義市場経済の活性化策として完全競争市場を整備し、そのもとで生じる勝者と敗者の存在を受け入れようとする思想は根強い。富者が担う投資と資本蓄積に、高い敬意が払われているのである。市場競争は絶対的なものであり、所得再分配を行う政府の機能は市場の規律を犯すものであって、あまり名誉あるものとは考えられていない。

ケインズは自らの試みを完遂するために、スミスの時代に善であったものが、現代においては悪であるということを示さなくてはならなかった。その思想的転換の理論的な足掛りが「有効需要の原理」であった。しかし、第Ⅱ部第2章第2節で触れたように、現代社会においてなぜ有効需要が縮小傾向で推移するのか、『一般理論』では必ずしも有効に説明することはできなかった。

なぜ、現代社会において、有効需要は縮小傾向にあるのか。これに答えることが、格差の拡大、すなわち、貯蓄性向の高い富者への所得集中が悪であることを論証する核心となるのである。

自由主義市場経済の運命を扱うような理論的、思想的革新が経済学発展のための課題であり、ケインズは、もちろんそのことを十分に承知していた。また、それを自らの課題としていたことも間違いないであろう。

人口減少傾向と経済の長期停滞　ケインズは『一般理論』を公刊した翌年、ロンドンで行った「人口減退の若干の経済的結果」と題する講演で、この課題を取り上げた。発展した社会の有効需要の縮小傾向について、その原因を人口減少に求めたのである。以下、第Ⅱ部第2章第2節での検討と重複するが、改めてその要旨をまとめ、市場経済と経済学の行方について考えてみよう。

いわく、投資の意思決定が企業家に任されている自由主義市場経済は、成長を求める経済である。企業は設備投資を行い、有効需要の拡大は雇用を増やし、失業を吸収することができる。しかし、設備投資の進行にしたがって、社会に巨大な生産能力が蓄積されていく。供給力の拡大は、それに見合った需要量の拡大を要求する。このため、さらなる需要の拡大が必要となるが、設備投資のさらなる拡大は過剰資本に転化する危険を持ち、設備投資の継続的な成長にはもともと大きな無理がある。こうした困難を突き破り、自由主義市場経済に活力を与え続けたものは、人口の増加傾向と将来に対する楽観的な見通しである。

一般に、企業の投資機会は、人口増加にしたがって拡大する。そして、企業の将来期待が高まれば投資の拡大を生み、投資の拡大がまた将来期待を高めるという相互作用をもたらす。人口の増加は将来を期待する企業家の楽観論を醸成し、多少の間違った過剰資本の蓄積があっても、人口増加に支えられた成長によって一時的な過剰として速やかに解消される。

ところが、人口減少に転じると、まったく逆のプロセスが発生する。需要は期待されたところをいつも下回り、ますますの悲観を醸成しつつ投資は減退を続ける。人口減少は、市場経済の安定性と生命力に重大な障害を与えるのである。

新古典派は、スミスの時代の残映に囚われているがゆえに、人口減少に転じた社会では的外れで危険な政策を導く。人口減少社会で必要なことは、資本蓄積のペースを落とし低い成長に経済を落ち着かせるために、労働者の所得と消費を拡大させることだ。ところが、新古典派は、経済停滞に伴う失業の発生に対し、労働者の賃金を切り下げ、市場メカニズムによる失業の解消を提案している。このような対応が極めて危険なものであることは明らかだ。社会が取り組むべきは、労働者の生活を安定させ、所得格差の是正を通じて富者の貯蓄を削り、貧者の消費を増やすことなのである。

ケインズの埋もれた講演録　このケインズの講演録「人口減退の若干の経済的結果」は、『一般理論』の不備を補い、ケインズの構想した経済学体系を浮き上がらせた。ケインズは、自由主義市場経済の運命を語ったのであり、これによって自由主義市場経済を生み出したイギリス経済学を正統的に継承し、真の革新者となる資格を手に入れたようにみえる。そして、ケインズの前途には、新経済学体系を理論化し、政策理論へと高めるべく経済学者としての最終段階の仕事が待ち構えていたといえるだろう。ところが、時の巡り合わせはそれを許さなかった。

この講演のあった一九三七年、ケインズはケンブリッッジで冠状動脈血栓による心臓発作で重体に陥る。一命を取り留めるが、ここで研究構想は頓挫せざるを得なかった。心臓病を抱え、決して健康に復したとは言えなかったが、活動を再開した理由は、第二次世界大戦勃発にともなうイギリス政府への協力と祖国への献身以外の何ものでもなかった。解決すべき問題群は、戦費をいかにして調達するか、勃興するアメリカを前に戦後世界をどのように構築するか、といったことであった。戦費調達のため労働者は消費を我慢しなくてはならないのであり、それまでのケインズの思索とは全く異なる性格の問題群であった。国家非常事態のもとでは、純粋かつ理論的な関心で自らの経済学体系を創造していくような仕事に、手を出せるはずはなかった。自由主義市場経済の運命に関わるケインズの論考は幻に終わった。

一九四六年三月、国際通貨基金（ＩＭＦ）、世界銀行設立会議に理事として出席したケインズは、ワシントンに戻る夜行列車内で激しい心臓発作に見舞われて一時意識を失い、翌四月、イギリスで没する。六二歳であった。

2　人口減少社会の理論的展望

ハロッドによる『一般理論』の動学化

ケインズの問題意識を現代に活かすことが求められる。特に、人口減少に転じた日本社会は、ケインズの業績を活かし、新しい歴史段階を切り開く理論と政策を生み出さなくてはならない。

幸い、ケインズには良き同僚がいた。R・ハロッド（一九〇〇〜七八年）である。ハロッドは、ケインズの講演録「人口減退の若干の経済的結果」を数値モデル化し、政策的検討に役立てることができると考えた。その研究は「『一般理論』の動学化」と呼ばれ、『動態経済学序説』（一九四八年）としてまとめられた。

『動態経済学序説』での検討の概要は、**関係式Ⅱ**（次頁）のように示すことができる。まず、(1)式により、一国の経済が消費と投資からなる単純な経済を仮定し、(2)式により、総所得のうち一定割合が消費される簡単な消費関数を仮定すると、総生産と投資の関係が決定され、投資の増分が総生産の増分を規定するという(3)式の関係を導くことができる。(3)式が意味することは、投資の拡大が総支出を拡大させ総生産が拡大するということである。(1)式から(3)式は、投資が一国の需要を決定する関係を示している。

ハロッドが新たに行おうとしたのは、投資が需要を決定する短期の経済関係を、投資が資本設備を形成し、生産力として稼働する長期の経済関係へと拡張することであった。ハロッドは、これを「動学化」

関係式Ⅱ　ハロッド『動態経済学序説』のモデル

投資の二面性

需要の決定

$Y = C + I$ ……（1）

$C = (1 - s) \cdot Y$ ……（2）

- Y ：総生産（総所得）
- C ：消費
- I ：投資（設備投資）
- s ：貯蓄性向
- $1-s$ ：消費性向

(1)、(2)式より

$Y = \frac{1}{s} \cdot I$

$\triangle Y = \frac{1}{s} \cdot \triangle I$ ……（3）

（△は増分を示す）

供給力の決定

$C_r = \frac{K}{Y}$ ……（4）

$\triangle K = I$ ……（5）

- C_r ：適正な資本係数
- K ：資本ストック
- $\triangle K$ ：資本ストックの増分（＝投資）

(4)、(5)式より

$\triangle Y = \frac{1}{C_r} \cdot \triangle K = \frac{1}{C_r} \cdot I$ …（6）

(3)、(6)式より

保証成長率 G_w $\frac{\triangle I}{I} = \frac{s}{C_r}$

と呼んだ。

投資には二面性がある。支出項目の一つとして需要を決定するとともに、資本として蓄積され供給力を決定するのである。

資本を蓄積する企業は、構築された生産設備と生産高との間に一定の関係を想定しているはずである。ある生産規模を実現するにふさわしい生産設備の規模（蓄積された資本ストックの量）が見込まれるだろう。その生産設備のもとで、もし需要が拡大し生産が拡大すれば、設備（資本ストック）は不足であると意識され、反対に、需要が縮小し生産が落ち込めば、設備（資本ストック）は過剰であると意識される。企業にとっては、資本ストックが過剰でも不足でもない、設備と生産とのちょうどよい割合（資本産出高比率）があるはずだ。(4)式でそれを定義し、C_rを「適正な資本係数」と呼ぶ。また、(5)式にあるように投資は、既存の資本ストックに付け加わる新たな資本の増加分であり、(4)式と(5)式より、投資（I）のもとで企業が期待する生産の増加分（$\triangle Y$）は、(6)式のように示される。

投資の二面性とは、(3)式によって表される需要の増加と(6)式によって表される供給力の増加である。企業活動の円滑な運営のためには、投資によって生じる有効需要の増加と供給力の増加が一致することが求められる。企業は、将来の需要を見通して、設備投資を行い供給力を準備していくが、(3)式の需要と(6)式の供給力が一致するということは、設備投資を行う企業の目論みが的中し、順調に事業が拡大していくことを意味する。このような、資本が過剰でもなく、不足でもない、企業家に満足感を与える経済成長率を「保証成長率」という。保証成長率（G_w）は、(3)、(6)式より導かれる。その値は、投資（I）の増加率として表現される。なぜなら(1)式のような単純な経済モデルのもとでは、経済成長率と各需要項目の増加率が一致するからである。保証成長率（G_w）は、貯蓄性向（s）を適正な資本係数（C_r）で除した値に等しい。

ナイフエッジ理論：安定性を欠いた均衡成長経路　このように、保証成長率（G_w）は、国民の生活状態によって決まる貯蓄率（貯蓄性向）と、企業の生産活動における技術的関係（適正な資本係数）から一義的に決定される。現実の経済成長率が、この保証成長率と一致している限り、企業家の満足感が確保される。それでは、この均衡成長の経路は安定的なものであろうか。自由主義市場経済には、この均衡成長に収斂していく安定化プロセスが組み込まれているといえるのであろうか。

ハロッドの結論は、経済には一筋の均衡成長の道はあるが、自由主義市場経済がこの道を歩み続ける

図8　保証成長率と現実の成長率

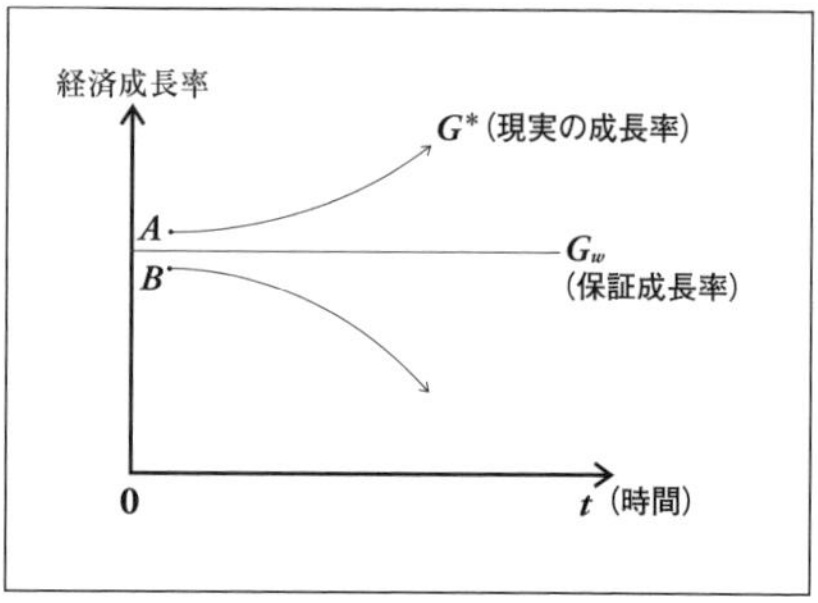

ことは難しいというものだ。自由主義市場経済とは、設備投資の意思決定を企業家の自由に委ねる経済である。このような経済では、**図8**にみられるように、現実の経済成長率（G^*）が保証成長率（G_w）を上回るA点にある場合、企業は資本ストックの不足感を持ち、さらに設備投資を加速するが、それによってますます保証成長率を離れ、資本ストックの不足感は激化していく。一方、現実の経済成長率（G^*）が保証成長率（G_w）を下回るB点にある場合、企業は資本ストックの過剰感を持ち、設備投資を削減するが、そのことによって経済成長率はさらに落ち込み、資本の過剰感の高まりはとどまるところを知らない。市場の調整能力は決して万全なものではなく、将来に向けた投資の意思決定を完全に企業家に任せてしまうことは危険なのである。一筋の均衡経済成長経路は存在するが、その道を歩むことはナイフの刃を渡るほど難しく、資本不足か資本過剰の世界に陥りやすい。この理論は「ナイフエッジ」理論と呼ばれた。

この関係は、**関係式Ⅲ**によって確かめられる。適正な資本係数（C_r）によって定義される保証成長率（G_w）と現実の資本係数（C^*）によって定義される現実の成長率（G^*）の関係からみると、現実の成長率が大きい場合（$G^*>G_w$）には、現実の資本係数（C^*）は適正な資本係数（C_r）より小さい。資本ストックの不足感があり、さらに設備投資を加速させるが、その結果、現実の成長率はさらに高まり、現実の資本係数はさらに適正な資本係数から離れていく。一方、現実の成長率が小さい場合（$G^*<G_w$）

関係式Ⅲ　保証成長率と現実の成長率

保証成長率	$G_w = \frac{s}{C_r}$ （C_r：適正な資本係数）
現実の成長率	$G^* = \frac{s}{C^*}$ （C^*：現実の資本係数）

現実の成長率が大きい場合	**現実の成長率が小さい場合**
$G^* > G_w$	$G^* < G_w$
$\frac{s}{C^*} > \frac{s}{C_r}$	$\frac{s}{C^*} < \frac{s}{C_r}$
$C^* < C_r$	$C^* > C_r$
（資本の不足）	（資本の過剰）

関係式Ⅳ　3つの成長率の相互関係

現実の成長率	$G^* = \frac{s}{C^*}$ （s：貯蓄性向、C^*：現実の資本係数）
保証成長率	$G_w = \frac{s}{C_r}$ （C_r：適正な資本係数）
自然成長率	$G_n = \dot{L} + \dot{P}$ （$\dot{L}$：労働力人口の増加率、$\dot{P}$：労働生産性の上昇率）

には、現実の資本係数（C^*）は適正な資本係数（C_r）より大きい。資本ストックの過剰感があり、設備投資を削減するが、そのことが現実の経済成長率を引き下げ、資本の過剰感の高まりはとどまるところを知らないのである。(3)

人口減少は経済の長期停滞を引き起こす

　どの国の経済にも、経済成長の上限がある。**関係式Ⅳ**に示すように、それを自然成長率（G_n）という。一国の経済運営は、現実の成長率（G^*）、保証成長率（G_w）、自然成長率（G_n）

（3）自由主義市場経済の不安定性を示す「ナイフエッジ」理論は、新古典派経済学にとっては容赦できないもののようであり、資本と労働が柔軟に代替されれば一方的な資本不足や一方的な資本過剰が生じることはないという新古典派経済成長理論が、「ナイフエッジ」理論への反論として開発された。しかし、そのような資本と労働の代替関係は長期の調整過程を必要とし、しかも、景気の停滞下では、資本が過剰なばかりでなく、労働も過剰となっているため、その相対関係を論じることに実践的な価値はほとんどない。新古典派は、自由主義市場経済の生命力を疑われることに極度の拒否反応を示すグループであると言える。

図9　高い自然成長率とブームの継続

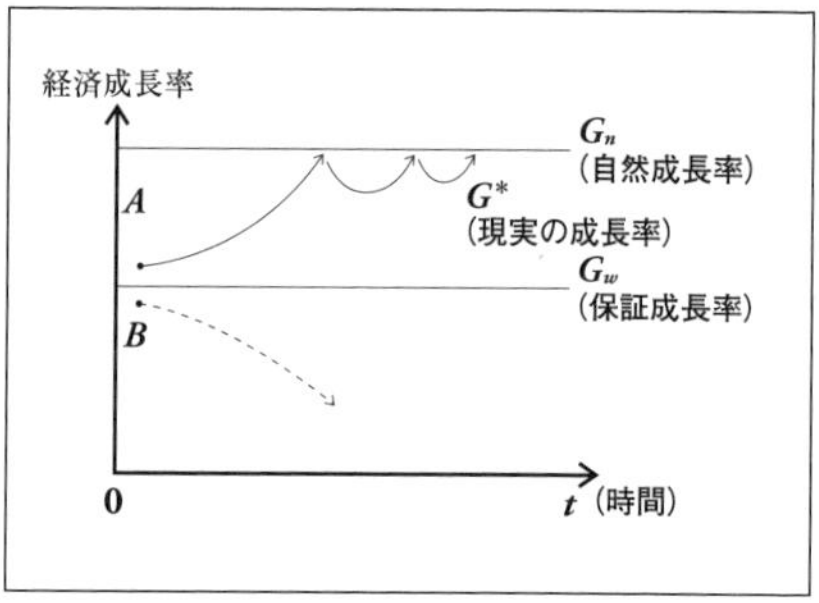

図10　自然成長率の低下と長期停滞

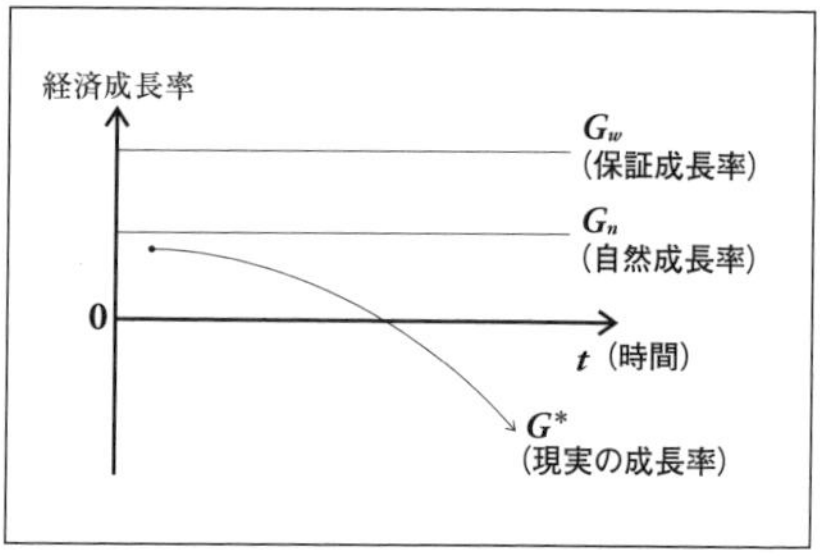

の三つの関係から整理できる。

まず、人口増加の大きい時代を考えてみよう。自然成長率（G_n）は労働力人口の増加率と労働生産性の上昇率によって規定される。日本の高度経済成長期は、人口の伸びも高く、先進工業国からの技術習得によって労働生産性の伸びも高かった。このような経済は、経済的恩恵に恵まれた経済であり、**図9**のように、自然成長率（G_n）が保証成長率（G_w）を上回っている。現実の成長率（G^*）は点Bのように、落ち込むこともあるが、それは一般的なケースではない。このようなケースでは、政府は一回だけ大きな経済対策を打ってやればよい。高い成長は歳出を賄うだけの十分な歳入をもたらすであろう。高度経済成長期に一般的だったケースは、**図9**の点Aであり、保証成長率（G_w）を離れ浮上する現実の成長率（G^*）は自然成長率（G_n）の天井にぶつかり、賃上げと物価上昇を伴いながら、一国の経済実力を活かしきった成長を実現することができる。

しかし、日本社会は人口減少へと転じた。企業が欲するだけの成長を実現することが難しい社会となったのである。このような経済は図10に示されるように、自然成長率（G_n）は保証成長率（G_w）より低い。現実の成長率（G^*）は企業にとって満足のいくものではなく、企業は資本過剰感を抱えながら、積極的な投資活動を行うことはできない。政府の財政出動は経済の落ち込みを和らげることはできるが、企業の投資環境を抜本的に改善することはできず、自律的な投資拡大を誘導することはほとんど期待できない。こうして、累次の経済対策は国家財政への負担ばかりを増やすこととなるのである。

3　人口減少社会の政策体系

ハロッドによって描き出されたケインズの政策ビジョン　人口減少は市場経済の生命力に重大な打撃を与える。市場経済はそれが成長局面にある場合、不安定性を伴いながらもダイナミズムを持ち、様々なフロンティアを切り開いていく生命力に満ちあふれている。ところが、人口が減少する時代には、状況は完全に逆転する。かつては企業家の果敢な投資行動が市場経済の成長の源泉であったが、投資環境の悪化がさらなる悲観を生み、経済活動の心臓部である資本蓄積を自律的に進めていくことができなくなるのである。

市場経済の円滑な運営のため、投資行動の自由を絶対不可侵と考えることを修正し、投資の社会化を行うことによって、市場経済の命を救い、かつ、市場価値を超える新たな社会的価値を見出していくことが求められる。

ハロッドの理論は、ケインズが予言した人口減少社会の危機を具体的に示し、社会がとるべき対応を明らかにした。それは、ケインズが『一般理論』で投資の社会化と呼んだものを政策理論として明確化したものととらえることができるだろう。人口減少社会の経済活動の停滞は、高すぎる保証成長率と低い自然成長率によってもたらされている。政策対応の核心は、保証成長率（G_w）を引き下げ、また、自然成長率（G_n）を引き上げることにある。

高蓄積志向の経済体制の見直し　まず、保証成長率（G_w）の引き下げである。これは企業家が低い成長率で満足し、そのもとであっても資本蓄積に対する動機を保ち続けられるようにするということである。**関係式Ⅳ**にあるように、貯蓄性向を引き下げ、適正な資本係数（C_r）を引き上げることによって保証成長率は下がる。したがって、まず貯蓄性向を引き下げ、高蓄積を志向する社会の体質を変えなくてはならない。このことは二つの経路から達成できる。

第一は、格差の是正である。市場経済が拡張する時代には、資本蓄積は所得の高い人々がその所得を再投下したり、資金を借りることによって行われてきた。しかし、人口減少社会は、投資機会が飽和する社会であり、高い貯蓄性向があっても、それにふさわしい投資機会がない。資金は、投資活動に向かわず金融資産の保有と投機を促進する危険を高めていく。税制や社会保障などの所得再分配の措置によって富者から貧者へと所得を移し、所得格差を是正するとともに、賃金の形成にあたっても、賃金水準の低い者の賃上げに社会的な関心を向ける必要がある。

第二は、労働分配率の引き上げである。労働者の所得が相対的に拡大することは、消費を主体とする人々に所得が移行し、マクロ経済での貯蓄性向を低下させる。この点については、新古典派が失業の発生に対し、賃金引き下げによって雇用機会の拡大を目指すことと著しい対照をなしている。そして、ここに、新古典派経済学の最大の誤りがある。かりに賃金を引き下げ、労働分配率が下がるようなことがあれば、企業の高蓄積体質はさらに強まり、より高い経済成長を要求するようになる。しかし、そのような高成長の歴史的基盤はすでに失われてる。投資先を見失った資金は金融資産として保有され、実体的基盤のない運用利回りを要求する。新古典派の主張とその存在は、結局は不健全な投機と、経済の不安定性の増幅につながるのである。

高度な社会システムを支える産業の育成

次に、適正な資本係数（C_r）の引き上げである。生産のために大量の資本ストックを用いる産業は、設備投資による有効需要の拡大というメリットが大きく、供給力の拡大というデメリットは小さい。そのような産業は人口減少社会に必要とされる需要拡大に資し、かつ、それほど高い成長を要求しない。しかし、巨大な装置産業は長期間かけて資本を償却するのであり、しかも、資本ストックに対する利益率もそう高くはない。高度な交通システム、持続性を持ったエネルギー再生システム、環境を保全するためのシステム、質の高い医療を保障するシステムなどを支える産業がこれに当たるだろう。これらのシステムの形成と産業的発展を、個々の企業家の持つ先見性や勇気に委ねることは不可能である。それは、社会のシステムなのであり、社会的な意思決定に支えられなくてはならない。さらに、事業の長期的継続性や低利の資金調達を確保する必要もあろうし、公共的な事業体の関与、もしくは、公共事業体そのものによる事業実施を考える必要もあろう。

労働生産性の向上と日本型雇用システムの再評価

企業の求める高い成長率を切り下げるため、保証成長率（G_w）を切り下げる一方、自然成長率（G_n）を引き上げることも重要である。子どもを生み育てることに喜びを見出せる社会を創り上げ、人口減少に歯止めをかけることが期待される。ただし、そうした成果は、多くの人々の協力によって社会に働きかけることではじめて得られるものであり、非常に息の長い仕事となろう。さらに、人口の増加が労働力人口の増加につながるには、概ね成人するまでの長い期間が必要である。一方、自然成長率の上昇に対する労働生産性上昇の寄与度は労働力人口増加に比べて大きい。これらを踏まえ、保証成長率を切り下げつつ自然成長率を引き上げるには、まずは労働生産性の上昇を重視する必要があろう。

日本社会は、バブル崩壊以降、ＯＥＣＤの「雇用戦略」や日経連の「新時代の「日本的経営」」などの提言を受け、正規雇用の採用を絞り込み、非正規雇用で労働力を調達する傾向を強めたが、このことは労働生産性の向上にとってはマイナスの影響を及ぼした。低賃金・低生産性の労働者の活用は企業の収益確保には役立ったが、コスト削減志向ばかりを増幅させ、社会全体としては低生産性分野を温存させ、前向きに付加価値を創造していく力を衰えさせたといえよう。

かつての日本企業では、長期的で計画的な視点から正規雇用者の採用や配置が行われ、雇用の安定や人材育成に大きな成果を上げてきた。しかし、バブル崩壊以降は、正規雇用者が絞り込まれ、技術・技能の継承や人材育成が疎かにされ、日本企業の付加価値創造能力の低下は覆い隠すことができなくなっている。

長期雇用慣行の意義は、今日、改めて、評価し直されている。ただし、企業が長期的、計画的な視点から人事施策を展開するためには、経済変動ができるだけ小さい必要があり、また、雇用の維持にあたっての政策的な支援も必要である。長期的な労働生産性の向上のためには、経済安定に向けた総需要管理政策や解雇抑制的雇用政策の運営、人材育成機能を重視した日本的雇用慣行の維持・発展など、これらを相互に結びつけた日本型雇用システムの再構築が求められる。

第3節　人と命の価値を求めて

1　二〇世紀の理想

平和の希求　二〇世紀は戦争の世紀であった。一九一四年のサラエヴォ事件を契機に勃発した第一次世界大戦、また、一九三九年のドイツのポーランド侵攻により開始された第二次世界大戦は、国家間の複雑な同盟関係から、各国の戦争計画が連鎖的に発動され、世界を巻き込む大戦争へと拡大した。

戦争は、国民の好戦心を政治的目的で利用する指導者の存在や外交交渉の失敗、さらには不測の事態の連鎖的発生など、その直接的な契機は様々である。しかし、その背景には、市場経済の拡張力が低下する中で、所得格差の拡大や失業の増大など国民生活の窮乏が、人々の目を海外市場の獲得に向かわせ、戦争によって経済的な幸運をつかもうとする野心をかき立てた面があった。国内の雇用・労働問題を解決するための社会政策と国際労働立法を推進するための国際協調という二つの手段を手に入れることができれば、戦争の芽を摘むことができる。第一次世界大戦の教訓から生まれたＩＬＯには、この理念が生きており、初代事務局長アルベール・トマは「なんじ平和を欲すれば正義を培え」と言った。この言葉は、ＩＬＯの礎石に刻み込まれている。労働者の置かれている状態を正義の力によって改善する取組は、各国の社会政策と国際協調の外交努力に結実することによって、平和な世界を築き上げる道へと通ずる。ケインズの経済学は、この構想を具体化する現実的な手段を提供するものであった。

個人の創意を活かすための社会の仕組み

二〇世紀前半の市場経済システムは、完全雇用を達成することができず、また、大きな所得格差を生み出した。かつては、有効需要があり余るほど存在する成長社会であり、自由な市場競争を人々の活力の源泉とみなすことができた。ところが、有効需要が不足する社会では、こうした価値観のもとでの人々の様々な取組は、それがいかに優れたものであっても、少なからぬ失敗と挫折を生み出す。それらの原因は人々の創意が足りないからではなく、有効需要が足りないからである。この有効需要が足りないという現実に目をつむり、自由主義市場経済の原則ばかりを声高に主張すれば、敗者は無尽蔵に累積し、所得格差はますます拡大し、さらに有効需要は減少するのである。二度の世界大戦を経て、人類は社会権を確立したが、それは、人々の実質的な自由や創意あふれる活動とは社会全体の支援があってこそ実現するのだということを、身を以て知ったからである。

二度の世界大戦は、人類に甚大な被害をもたらした。人類が目指すべき理想の姿をつかみ取るための歩みは如何に険しいものであったか。その歴史的教訓は何度でも反芻されなくてはならない。

2　二〇世紀の現実

戦争経済による均衡の回復

ケインズを継承したハロッドは、投資機会が飽和し停滞する市場経済において、保証成長率を切り下げ、企業の高過ぎる成長期待を抑制する必要性を教えた。また、自然成長率を高め、企業が期待するだけの成長に近づけるよう、労働力や生産性の環境を整備することも経済の均衡にとって重要である。国内における社会政策の強力な推進や外交における国際労働立法の推進は、労働者の生活を改善し、安定させ、これに資するものである。しかし、残念ながら、この理想は未だ完全な姿として世界に実現されたことはない。

恐ろしいことに、戦争経済は、ハロッドがナイフエッジに例えた自由主義市場経済の不安定性を大きく緩和するという魔力を持っている。軍艦や戦車、戦闘機をより多く備えることは、供給力の増加を伴わない資本蓄積を行うのと全く同じ効果を発揮する。したがって、適正な資本係数は高まり保証成長率は低下する。軍需産業とは、このような性格を有しており、戦時においては、生産面、資金面、人材面での国家の庇護により温々と産業的な拡張を図ることができる。国家も公債を発行し財政負担能力のぎりぎりまで、軍事的勢力の構築に取り組むこととなる。また、国家間の総力戦は、それぞれの国家に科学技術面での熾烈な競争を生み出し、人と知識の大量かつ組織的な投入によって、著しい技術進歩をもたらす。これは労働生産性を飛躍的に高めることによって、自然成長率を高める効果を持つものである。こうして、投資機会が飽和した経済は、戦争によって均衡を回復させ、自由主義市場経済の生命力を再びよみがえらせる。

第二次世界大戦後の世界では、平和を希求する理想と軍事による均衡回復という現実とがせめぎあった。戦後は、多くの国々で戦地からの復員に伴うベビーブームがあり、また、冷戦における軍拡競争や軍事技術の民生転用もあって、高い自然成長率がもたらされた。市場経済の危機は遠のき、経済学の世界では、自由主義市場経済の生命力に疑問を差し挟んだケインズとその後継者たちに対して忌避的な雰囲気が生まれた。もちろん、労働者の地位の向上や政治的努力によって、社会政策や国際労働立法が進展したことも経済の発展に寄与したが、純粋な平和の中に、技術革新を生み出し、投資を社会化し、人々を豊かにするという平和的理想主義が軍事的傾向を超克しえたわけではなかった。

普遍化する市場価値の猛威　戦争経済を乗り越え平和の中に経済均衡を生み出すことは、人類の目指すべきものであり、理想であるが、現実はあまりに厳しい。

第一次世界大戦は飛行機や戦車、化学兵器を生み出し、第二次世界大戦は無線・レーダーなどの電気・電子技術や原子力技術を生み出して長足の進歩を促した。また、第二次世界大戦後の冷戦はコンピュータを生み出し、それを基盤とした情報通信技術は、冷戦終結後、廉価なコンピュータ端末の普及によって著しく大衆化した。核融合計算やミサイル弾道計算、あるいは戦争計画推進のためのオペレーションズリサーチなどで活用されたコンピュータは、パーソナルコンピュータとして人々の生活の中に入り込み、様々な家庭製品の情報化も進んでいる。核戦争による通信網破壊を回避するために考案されたパケット交換システムとインターネットは、今日では世界の情報通信インフラとなっている。

かつて、人々の生活は、息の長い歴史と経験に根ざすものであった。ところが、情報通信機器の進歩と普及は、様々な事象の論理的側面を切り出し、それをデジタルな情報として流通させることとなった。経済活動のための要素としても情報通信技術の重要性は格段に高まり、それを活用する能力は、経済的な成功を収める上で不可欠な能力となった。本来、人々の生活から生み出された知識には暗黙知と形式知があり、論理的に表現される形式知だけでは、バランスのとれた人間形成は不可能である。ところが、情報通信機器の普及によって形式知が強調され、人々の活動をこの形式知のみで再編成しようとする無謀な動きが勢いを増している。このことは、歴史と経験に根ざした人々の文化的な営みや地域社会の日常的な営みにとって、とてつもない脅威をもたらしている。

一九九一年の冷戦の終結は、社会主義国家による計画的な経済運営の失敗、自由主義市場経済の勝利として意識された。また、軍事技術の民生化が一挙に広がり、情報通信分野を中心に技術革新のフロンティアが出現した。さらに、社会体制の垣根の崩壊とインターネットによって、世界市場の統合というグローバル化の潮流が加速した。こうした中で、自由主義市場経済の強靱さと正当性が称えられ、人間の、社会の、文明の、市場価値部分がデジタルな情報として切り出されて流通する傾向を著しく強めた。逆に言えば、デジタルな情報として流通しないものは価値を認められない時代となったのである。

低下する人々の政治的能力

しかし、情報とは、そう簡単に人々の間に伝わるものではない。ここに、インターネットなど爆発的な勢いで拡張する高度情報化社会の現代的悲劇がある。第I部第2章第1節で触れた「基礎情報学」は、高度情報化時代の人と社会の関わりを明らかにするため、学際的な研究を進めている。そこでは、情報とは、人も含めた生物が生きていく上で必要不可欠なものであると包括的に定義された。これを人間に即して考えてみると、一人ひとりにそれぞれの人生とその価値観があり、人がその人生を全うするということは、それぞれの価値体系の中で、自らの価値を追求し、その価値を創造し続ける行為だと考えられる。社会に存在している無数の信号（シグナル）が人々のそうした活動にとって何らかの意味を持つとき、それは「情報」であるといえる。しかし、その信号は、全ての人にとって同じ意味を持つものではない。価値評価と価値創造の完結的な宇宙を一つひとつの生命が備え持っているからである。

情報とは外界から与えられる一種の刺激であり、人はその刺激を受け、それに応じてそれぞれの対応を行う。情報通信機器が媒介するデジタル情報が、かりに全く同じであっても、一人ひとりが形成する意味内容が同じであるという保証はない。生命は多様なものであり、それぞれの完結的な生命の体系のもとで、異なる価値体系が育まれている。

命を持ち多様性を持った生物の一つである人間とその社会に或る種の統一性を与えているのは、人間の政治的能力に他ならない。人々は地域社会の中で、また、歴史の流れの中で、共通の体験を積み重ね、その体験をもとに自らの言葉に命を吹き込み、自らの言葉の力によって互いに働きかける。人々は自らの着想で新しい価値を創造し、それを言葉に託し、メッセージとして伝える努力を積み重ねる。その熱意が人々の共感を生み、社会に規律と規範を生み出し、社会全体としての新たな価値創造へとつながっていく。

市場価値は価値の一形態にすぎず、人間活動の一側面を表現するものに過ぎない。ところが、市場経済学であるところの新古典派経済学の興隆は、市場価値に導かれた行動や原理を強調するあまり、市場価値では表現されえない人々の多様な価値観をないがしろにし、人々の命を軽々しく扱う傾向を生み出した。また、多くの人々が市場価値によって、本来ならば複雑であるはずの利害調整を単純化し、金銭でものごとを解決する方法に馴染んでしまったために、言葉によって価値を表現し、それを社会的な価値へと高めていく政治的な能力を著しく減退させている。

二〇世紀末の一〇年間の華やかさとは裏腹に、自由主義市場経済の生命力は衰えている。さらに、人々がいまだ市場経済学のみに学び、政治経済学を忘れてしまっていることは、二一世紀初頭において、大きな文明的危機を招来している。

3　二一世紀の人と社会

相対的安定期の終わり

自由主義市場経済の生命力が衰えつつある現在、世界は次の経済・社会システムを構想せざるをえない歴史的段階に達している。ケインズが予言し、ハロッドが定式化した通り、高い保証成長率と低い自然成長率から来る経済停滞の危機によって、もはや貪欲なる成長を追求し続ける自由主義市場経済は、かつてのように生き生きと輝き続けることはできない。

こうした歴史的な運命にある自由主義市場経済が、ここまでどうにか生き延びてきたのは、戦争経済をバネとした均衡回復によるものであった。二度の世界大戦とその後の冷戦は、人々の命と心を踏みにじりながら熾烈な技術開発競争を繰り広げ、軍事技術の民生化を通じて労働生産性を向上させ自然成長率を高めた。技術的フロンティアの拡大は、企業の成長期待を満足させることができた。しかし、それは決して持続的なものではなかった。

冷戦終結後に顕著になった情報通信技術の経済・社会活動への無批判的な応用は、暗黙知をないがしろにし、形式知を無用に強調して、人々の生活感覚から歴史性と経験を奪い、仕事から働きがいを奪っている。高度情報化の中で形式知をてこに企業組織や労働形態が再編成され、コストの抑制を使命とする知識労働者と彼らのもとに従属し管理されるだけの単純労働者とに、労働は二極分化した。所得格差の拡大と、労働分配率の低下とともに、実体経済へと再投下されえない貨幣と金融資産が拡大した。情報化と金融工学はそのような金融資産の投機的運用方法を考案し、自由主義市場経済の絶対視とアメリカ中心のグローバル化の傾向を増幅させ、将来の楽観を醸成した。しかし、今日、これらの動きは行き詰まり、自由主義市場経済の相対的安定期は終わろうとしている。

市場経済学から政治経済学へ　人々は今、あふれる情報と市場価値の絶対化の中で、自らの価値観を見失いつつある。情報が洪水のようにあふれ出し、自分にとって価値ある情報をバランスよく摂取することが難しくなっている。それは、人が生きる意味を見失いつつあるということであり、市場価値によって組み立てられた社会の歯車のひとつに組み込まれつつあるということである。

しかし、感性を持ち、命を宿したわれわれ人間は、このような状態に満足できるはずがない。必ずや、それぞれの魂の叫びをあげるに違いない。しかも、自由主義市場経済の相対的安定期は終了しつつある。人々の利害の調整を市場価値でスマートに解決することはいずれ不可能になり、市場経済学はその役割を終えることとなろう。

そこで、早晩、政治的な利害調整によって、社会に規律と規範を与えていく取組が必要となるが、そのための能力や、それを培う訓練が、現代社会では決定的に欠けている。われわれは相互の関係性と連帯を大切にし、そうした姿勢を社会の様々な場で強めていくとともに、そのような社会関係を築いていくための政治経済学の復興を急がねばならない。

4　日本社会の展望

世界の中の日本の使命

市場経済学は、資源配分の経済学であり、したがって、市場価値と利益の配分にもっぱら関心を持つ経済学である。しかし、これからの経済学は、人々の多様な感性に導かれ、それに立脚した新たな社会的価値を創造する政治経済学でなくてはならない。人々は価値創造活動の中に生きる喜びを見出してこそ、真に豊かな社会を手にすることができる。多様な価値を認め合い、その中から社会的な価値を創造していくこれからの経済学は、政治経済学にならざるをえないのである。

自由主義市場経済の歴史をアメリカの経済成長と技術進歩との関係から描き出せば、アメリカにとって市場は常に価値の配分を中心に運営されてきたのであり、成長の源泉としての技術進歩はむしろ市場の外にあった。技術進歩は外生的に与えられたのである。原子力の応用も、電子計算機の発明も、全て軍事的な必要から生じ、国家的、軍事的な活動の成果が市場の福音としてもたらされた。アメリカの自由主義市場経済は、自由社会を守るという建前のもと、軍事的活動と一体不可分な経済活動を展開してきた。冷戦終結後に形成された情報通信技術の革新も、冷戦期に形成された軍事技術の民生化であった。

これからの世界が求めるものは、平和産業の中に技術進歩の芽を見つけ、多様な価値観を持つ人々が力を合わせ、それを育みながら、新たな社会的価値の可能性を切り開いていく経済である。企業は、低い利益率のもとでも、息長く人と技術を育て、そのことによって社会からの信認と信頼を集めていく。ここに日本的雇用慣行の伝統を活かす日本の強みがある。有限な地球環境の中で生きる人類は、様々な成長制約の中で関係性と連帯を大事にし、生きていかなくてはならない。いち早く人口減少に転じ、また、その減少率が最も大きい日本が、企業家の高い精神性と社会哲学をもって、保証成長率を押さえ込み、かつ、平和的な分野で技術革新を進めつつ、経済安定へ向けた新たなモデルを提案することができたなら、それは、よりよく生きたいと願う世界の多くの人々を励ますこととなるだろう。

長期雇用、職能資格制度、企業別労働組合といった優れた雇用慣行をもとに様々な困難を乗り超えてきたはずの日本人は、今、自信を失っているが、これから期待されるその歴史的使命を改めて自覚することができれば、世界の中で、名誉ある地位を占めることとなるだろう。

企業経営と労働組合の今日的使命

職業は、個人とともにあるか、会社とともにあるか。この問いに対し、市場経済学は、職業は個人とともにあると易々と答を出した。人は、自らの努力によって職業能力を高め、その力を武器に会社と対峙する。より優れた職業能力は、会社に高く売ることができる。労働者相互の競争は厳しいが、高い職業能力を身につけ、会社と対等に渡り合い、高い賃金を獲得する自立した職業人は、人類が目指すべき最高の人間類型にあたる。市場経済学はそのように考え、そうした認識のもとに日本的雇用慣行を否定し、日本型雇用システムの見直し論議をリードした。

しかし、新古典派経済学の分析に基づく市場経済学の主張は知的欺瞞に過ぎない。

職業は、個人とともにあるか、会社とともにあるか。もちろん、この問いは労使関係における労働者の立場から発しているものであることは言うまでもないが、この問いに対し、まず、日本社会は現実に向き合わなくてはならない。なぜなら、職業は会社とともにあるからである。長期雇用慣行のもとで職業技能は会社の中で培われている。しかも、この慣行には現代的な合理性がある。持続的な技術革新は組織の生命力であり、会社がその根幹を手放すはずがない。技術進歩や技術革新を担う労働者の職業技能は、会社で働きながら身に付き、その蓄積された力は会社の中で評価される。高度技術社会は、学卒者の内部養成を基本とした長期安定雇用にならざるをえない。しかも、技術革新が急速であればあるほど、職業技能も変化する。職業技能の体系が普遍化することは稀であり、しかも、その体系が会社の外で成立する可能性はほとんどない。したがって、人の数だけ職業の種類が生まれ、多様で優れた人材を組織の中に蓄積することが会社の実力を示すこととなる。

職業は、個人とともにあるか、会社とともにあるか。

職業は会社とともにあり、したがって、個人は会社とともにあらねばならない。ここに、現代に生きる職業人の深い悩みがある。

日本社会に生きる人々は、未来へと続く日本的雇用慣行の意義を正しく理解し、優れた組織運営をそれぞれの事業展開に応じて生み出さなくてはならない。それは「神の見えざる手」ではない。組織の中に生きる人とその人間関係を引き受けて、人の手によって実現するものだ。そして、現代に生きる職業人は、自らの職業人としての尊厳を守るために、組織の中で立場や思いを同じくする者同士で力を合わせなくてはならない。職業は会社とともにあり、したがって、個人は会社とともにあらねばならない。しかし、人は会社に隷属してはならない。企業内労使関係の健全な発展のもとで、個々人が職業人としての誇りと輝きを取り戻す。ここに企業別労働組合の重大な社会的使命がある。

市場経済学の時代を終わらせなくてはならない。社会に存在する様々な集団や組織の中で、人は自らの言葉で自らの価値を語り、その集団の、その組織の規律や規範を、そこに集う人々とともに協力して創り出し、そして、社会的な使命を達成する。この営みを通じて人間の政治的能力を自ら呼び覚まし、育てて行くことが大切である。「神の見えざる手」に人類の運命を預けてはならない。歴史を創造するもの、それは人の主体的な行動そのものなのである。

あとがき

池袋から北西に伸びる東武東上線の東武練馬駅を降り、スクールバスに乗るために駅前商店街を歩く。この地はかつて荒川べりに広がる平原で徳丸ヶ原と呼ばれ、幕府の砲術場として知られていた。天保一二（一八四一）年、高島秋帆《しゅうはん》は、大砲、小銃を携えた門弟約百名を率い、ここ武州徳丸ヶ原で日本最初の洋式砲術演習を行った。その大規模かつ組織的な演習によって高島秋帆と徳丸ヶ原の名は天下にとどろくこととなった。今日、この地が高島平と呼ばれるようになった所以である。

駅に降り、商店会の幟や「徳丸」と記されている商店の看板をみると、かつて、国の独立について青年たちを覚醒させた徳丸ヶ原大演習の、その地にいるという感慨がわき起こる。そして、大学の教場に立ち若い人々に学問を講ずるという決意めいたものとともに、「天保の改革」という時代を生きた高島秋帆の学問人生が、圧倒的な迫力をもってよみがえってくる。改革の時代、学問と政治の間には複雑な関係があり、この優れた兵学者は数奇な学問人生をたどることとなった。

高島秋帆は寛政一〇（一七九八）年、長崎の町年寄兼鉄砲方の家に生まれ、はじめ父から砲術を学んだが、その後、独自に研究を進めるにつれ、日本砲術と洋式砲術の格差を知り愕然とし、蘭学を学びヨーロッパの軍事技術の研究に取り組んだ。さらに、私財を投じて各種の火器、オランダ兵学書を買い求め、その研究の成果を高島流砲術として教授するまでになった。

イギリスによる侵略戦争であるアヘン戦争（一八四〇～四二年）の報に接した高島秋帆は、西欧列強のアジア侵略から日本を防衛するため洋式砲術を採用すべきであるとの意見書を幕府に提出し、幕府に認められ、幕命を以て徳丸ヶ原での演習に臨んだ。ところが、天保一三（一八四二）年、高島秋帆は謀反の罪を着せられ、投獄され高島家は断絶となった。既存の権力を守ろうとする幕府町奉行鳥居耀蔵《ようぞう》の讒訴《ざんそ》によるものであった。

危機に陥った社会は、権威によって社会の立て直しを試みる。権威の拠り所は学問である。鳥居耀蔵は昌平坂学問所を主宰する大学頭林述斎《じゅっさい》の子息であり、学界の中枢にあった。大坂で反乱を起こした大塩平八郎の糾弾文書を作成するところから頭角を現した。老中水野忠邦による天保の改革は、既存の学問の中枢にあった鳥居耀蔵を取り立て、新たな学問分野を興そうとした高島秋帆ばかりではない。蛮社の獄によって優れた歴史認識と世界認識を持つ多くの学者が葬り去られた。

学問世界に関する限り、現代の構造改革の構図は、天保の改革とそっくりだ。天保時代の危機は、天保の飢饉に続く大塩の乱によって深刻化した。大塩平八郎は庶民に人気は高かったが、幕府の役人であった者が大坂市中で火矢や大筒を放った行為そのものには許すまじきものがある。そこに鳥居耀蔵のような恐るべき権力を生み出すきっかけがあった。現代においても、主流派経済学の中から、格差社会幻想論など極めて保守的な権威と権力が発生したが、そのきっかけは、学問的方法論を破ったセンセーショナルな格差社会論だった。次の時代が如何なる時代となるか、その歴史的な認識もないまま、やみくもに批判を繰り広げる。確かに一時は勢力を築くこともできようが、その無法な振る舞いゆえに、既存の学問は権力を維持するための道具として動員される。大塩平八郎が鳥居耀蔵を生み、格差社会論が格差社会幻想論を生んだ。

果たして、日本の学問はこれで良いのだろうか。

私は、三年前から依光正哲教授を引き継いで、大東文化大学で「文化と経済」と「労働経済」という講座を担当している。特に、「文化と経済」は間口の広い講座であり、年度の初めは茫漠とした感があるが、次第に、受講生たちも熱心に耳を傾けてくれるようになる。私も学生たちの様子を見ながら話すようにしており、定期試験で評価するが、たまにレポートを課したりして、学生の意見を聞いてみる。「市場メカニズムを活用し経済活性化をねらう現代の構造改革について、あなたの意見を論述しなさい」。改革の時代を生きる同時代人として、なかなか考えさせられる作品が出てくる。

受講学生には、スポーツ選手が少なくない。陸上部の学生は記す。「負けたくない。ライバルに勝ちたい。だから練習もがんばってきた。だけど負けた時、やる気が削がれた時、何かケアが必要になる。監督、チームメート、そして、一杯のココア」。新春の澄んだ空気。箱根を走る選手たちに温かいココアが提供されることもあるのだろうか。文章の拙さはあるが、気持ちが伝わってくるレポートは多い。学生たちは分かってくれているのだ。私の話していることを。経済学の概念を学びながら、自分の頭で考え、生活実感の中で解釈し、自分なりのものとして活かそうとしている。

学問とは人を畏怖させるような権威的なものであってはならないと思う。ましてや権力的なものであってよいはずがない。学問は、本来、よりよく生きようとする人々の日常の生活の中にあるべきものだ。

本書は、冒頭に記したように、『現代雇用政策の論理』、『市場中心主義への挑戦』に次ぐ第三弾である。

しかし、ここには今までと違う何かがある。徳丸ヶ原に通い、高島秋帆を思い、学問と政治の関係を考え、そして、逃げも隠れもできない教壇で学生たちと向き合ってきた。このことは、私の思考や文体に少なからぬ影響を与えているように思う。

本書は多くの人々とのつながりの中から生まれた。その中でもとりわけ、支援を賜った依光正哲先生と新評論編集部の山田洋氏に厚く御礼申し上げる。

二〇〇八（平成二〇）年一二月

大東文化大学講師　石水喜夫

がつくという日本の元来の不平等が表に出てきているにすぎない（第1章「所得格差は拡大したのか」より）。

賃金に関わる様々な不確実性がすでに確定してしまっている高年齢者層のほうが，それらがまだ不確定である若年層より所得不平等度が高いのは自然である（第4章「所得不平等度と再分配効果」より）。

リスク管理について　多くの実験結果や実証結果では，運ではなく人々の努力や能力によって所得格差がもたらされたと考えている人は，所得格差を受け入れるということを示している。

運が所得を決めていると考えている人の比率が高いほど，GDPに対する政府の移転支出の比率が高い。運が所得を決めていると考えているほど，政治的には左派である確率が高い。

危険回避度が高い人々は，所得格差が将来拡大することを予測し，所得格差の拡大を問題であると考える傾向が高い。

本章では，リスク態度に関する指標に「ふだんあなたがお出かけになるときに，天気予報の降水確率が何％以上の時に傘をもって出かけますか」に対する回答から作成したものを用いた。傘をもって出かける最低降水確率が高いほど危険回避度が低い（第2章「誰が所得格差拡大を感じているのか」より）。

問題とすべき格差と労働市場の非伸縮性について　労働市場の賃金が下方に非伸縮的である場合に，労働需要の減少に直面すると，失業が発生する一方で，有業者間の賃金分布は変化しないという事態が起こりうる。しかしこのとき，失業者と有業者を含めた経済全体でみれば，所得格差は拡大している。あるいは，今の時点では統計的に有意な幅で格差の指標が上昇していないとしても，期待生涯所得で大きな差が生じる可能性はある（第2章「誰が所得格差拡大を感じているのか」より）。

好況時に就職した世代の生涯賃金は，そうでない世代に比べて高い。また，好況時に就職した世代は，そうでない世代より平均的に勤続年数が長い（第8章「労働市場における世代効果」より）。

今回の格差論議に火を付けたのは，本年１月の月例経済報告参考資料である。内閣府はこの中で，観察される格差の拡大は高齢化と核家族化による見かけ上のものだと指摘した。これをきっかけに，格差論議が一気に広がった。

この資料は，景気を議論する月例経済報告の場に出すものとしてはいかにも異質であり，唐突である。なぜ，内閣府は，これから国会論議が始まるという時にこれを持ち出したのか。ここから推理が始まる。

月例経済報告については，当然官邸が事前に資料をチェックしているはずだ。すると，今回の資料は官邸（総理）が指示して出させたと考えるのが自然である。事実，その後の国会論議で，総理は「待ってました」という感じで答弁している。ではなぜ官邸は格差論議を持ち出してきたのか。

格差論議は一見すると小泉改革を攻撃する有力な材料に見える。しかし，実は小泉改革の進展を浮き彫りにし，ライバルを後退させる役割を果たす。格差論議は総理が仕掛けた罠だったのではないか。

・日本経済新聞「私の苦笑い・首相への説明，役所の見解踏み越える（日本総合研究所副理事長・高橋進氏）」（2008年4月7日朝刊19面）より抜粋

2005年8月から2年間，内閣府の政策統括官を務めた。民間から官に移って景気判断や経済財政諮問会議の運営を担当し，小泉純一郎政権の最後の一年余りに立ち会った。

05年末には小泉改革の総括を巡る議論が盛り上がった。野党からは「小泉改革が格差を拡大させた」との批判も高まっていた。

05年12月，首相から格差問題について意見を聞きたいと呼び出された。データを示しながら「非正規雇用が増えるなど若年層に格差の芽は出ているが，今のところほかの所得層では格差が広がっているわけではない」と説明した。

根っからの役人ならば，ここまではっきりとは言わなかっただろう。説明内容は従来の役所の見解を踏み越えていたし，役所の手順を踏んで見解を調整したわけでもない。私自身「小泉改革が格差を拡大させた」との指摘に疑問を感じており，そうした視点で部下に検証してもらった。

小泉首相は06年1月，通常国会の代表質問に対する答弁で私の見解を引用した。「統計データからは所得格差の拡大は確認されない」。その後，記者団にも「有識者から聞いたところ，いわれるほど格差はない」と話した。

■「格差社会幻想論」をどう読むか

・大竹文雄『日本の不平等――格差社会の幻想と未来』（2005年，日本経済新聞社）より要約

結果として生じた格差について　　人口高齢化によって発生する社会全体の不平等の高まりは，真の不平等化とは言えない。たとえば，所得が同じ2人が宝くじを買ったとして，抽選前後を比べると所得格差は抽選後の方が高い。抽選が行われる前に，宝くじに当たった人がいないから所得格差のない社会だというのはナンセンスである。人口の高齢化の進行は，人生における宝くじ部分の抽選結果が出てしまった人が多くなることを意味する。

かつて日本が平等社会にみえたのは，単に若年層が多かったという見せかけの理由にすぎなかったともいえる。現在不平等になりつつあるようにみえるのは，年をとれば所得に格差

■大竹文雄『日本の不平等――格差社会の幻想と未来』の社会的評価

・書評（抜粋）

樋口美雄（日本経済新聞，2005年6月12日）　80年代半ば以降の所得格差拡大は，年齢内で格差の大きい高齢者比率の上昇と単身・二人世帯の増加を反映したものであり，決して「日本の格差社会への移行を示すものではない」との結論を導き出す。その主張は，最近目立つ「社会不平等化論」とは相容れないが，地道な研究の蓄積に基づくだけに強い説得力を持つ。

玄田有史（週刊エコノミスト，2005年7月26日）　「格差社会の幻想と未来」という，見方によっては挑発的な副題だが，決して奇異に映らない。すべてが手堅い実証分析の裏付けがある。例えば所得格差の拡大に関する幻想も，広くは高齢化がもたらした統計のマジックによる部分が大きいという。反対に，同じく経済環境の変化として90年代に注目されたITの賃金格差への影響は，巷間言われるほど大きくなかったとする。

八代尚宏（経済セミナー，2005年8月号）　本書では，必ずしも対象としていないが，無業の主婦が低賃金パートとして就業することも，見せかけの所得格差の要因となる。世帯行動の変化から生じる所得格差の分析は，世帯所得の内容や，世帯内の個人行動の変化の内容をどう捕らえるかという統計的な分析の重要性を示している。とくに，日本の所得格差の拡大をもたらした要因が，規制緩和等による市場競争の強まりであるとする，根拠のない印象論を批判するために有益である。

太田清（日本経済研究センター会報，2005年9月号）　人口全体でみれば所得格差は拡大しているが，これを様々なグループにブレークダウンしてみると，グループ間の格差も同一グループ内の格差も拡大していない。人口が高齢化すれば，格差が大きなグループのシェアが高まるため，全体として拡大する。一方，個々人からみれば，同じ年代の間などでは格差は拡大していない。全体での不平等化の多くはそのような意味でみせかけにすぎない。なぜ，多くの人が不平等化していると感じているのか。実態と実感をめぐるパズルの解明も行っている。

・受賞（2005年度）

第48回日経・経済図書文化賞，第27回サントリー学芸賞，第46回エコノミスト賞。

■内閣府の経済的判断

・内閣府「月例経済報告等に関する関係閣僚会議資料」（2006年1月19日）より抜粋

格差拡大の論拠として，所得・消費の格差，賃金格差等が主張されるものの，統計データからは確認できない。

所得格差は統計上は緩やかな拡大を示しているが，これは主に高齢化と世帯規模の縮小による。

高年齢層ほど所得格差が大きく，高齢者世帯の増加はマクロの格差を見かけ上拡大させる。

核家族化の進行や単身世帯の増加は，所得の少ない世帯の増加につながり，マクロでみた格差を見かけ上拡大させる。

・日本経済新聞「大機小機・格差論議を推理する（隅田川）」（2006年6月8日朝刊17面）より抜粋

抜では有利になる。

ホワイトカラー雇用上層の再生産は，学歴にせよ昇進にせよ，本人の努力という回路を必ず通る。けれども，その本人の努力が，本当に本人だけの力によるものならば，親の職業によってホワイトカラー雇用上層へのなりやすさがかわるわけはない。世代間再生産がみられること自体，本人の努力なるものが，決して本人による努力ばかりでないことを意味する。

にもかかわらず，高い学歴を持つ人間は実績主義にかたむく。本人の努力という形をとった学歴の回路をくぐることで，得た地位が自分の力によるものになる。だからこそ，自分の地位を実績主義で正当化できたり，努力主義を負け犬の遠吠えとみなせたりする。そういう魔力こそが，学歴社会の学歴社会たるゆえんなのだ（第2章「知識エリートは再生産される——階層社会の実態」より）。

情報リテラシーは省力化だけでなく，広く情報を集める，問題を発見し解決を立案するといった作業に欠かせない能力として，21世紀にはますます重要になる。そういう社会が来れば，知識エリートの世代間再生産はもっと大きな収入や地位の差を生み出すだろう。それでも公平な競争社会であり，収入や地位の差は本人の業績にもとづくものといえるのだろうか。

機会の平等は自由な競争社会の大前提だが，市場化すれば自動的に機会の平等が実現されるわけではない。そんな天国のような市場は，経済学の数式の上にしか存在しない。

本人の力によらない有利不利や幸福不幸を解消するのが不可能ならば，それを補償するしくみを維持し，格差の拡大再生産をできるだけ防ぐ。コストはみんなで払おう。胸をはって生きていくために（第5章「機会の平等社会への途——効率と公平」より）。

■「社会階層と社会移動全国調査」（SSM調査）の主流派の解釈

- **盛山和夫「階層再生産の神話」（樋口美雄＋財務省財務総合政策研究所『日本の所得格差と社会階層』（2003年，日本評論社）に収録）より要約**

不平等が拡大しつつある，機会が閉鎖化しつつある，という議論が盛んに述べられているが，事実を見る冷静さや論理性が欠ける嫌いがあるのは好ましいことではない。階層的地位の再生産が高まったと主張する佐藤俊樹氏の「ホワイトカラー雇用上層」というのは，佐藤氏独自の階層分類で，階層間移動の閉鎖性ないし階層再生産の拡大というのは，データの大勢によってサポートされない。

学歴達成の階層間格差が拡大したという明確なデータは今のところ一つも存在しない，というと，「そんな馬鹿な，いつも東大の学生の親の平均年収は1000万円を超えていて，普通のサラリーマンよりもすごく高いといわれているではないか」と反論する人がいるだろう。しかし，ここには，きわめて単純な統計的な錯覚が三つもある。

①学生の親の収入を普通のサラリーマンの収入と比較するのが間違い。②東大生の親の収入は，親と同じような年齢層の平均収入と比較しても多少は高いのだが，その高さの度合いは，ずっと昔から基本的に変わらない。③平均の数値を最低条件の数値と読み間違っている。平均年収1000万円といわれると1000万円の収入がないと東大に入れないと解釈してしまうが，これは大きな間違いだ。

％となってもおかしくない。

これを「今，充実した人生を生きることはすばらしい」と賞賛するのは危険である。将来に希望がもてないから，将来のことを考えると暗くなるからという理由で，「現在」に逃げているという表現があたっているのではないか。自分の将来の見通しがたたないから将来について考えない，将来について考えないから見通しがますますたたなくなる。このような悪循環に日本の若者がはまりつつある。

日本社会は，将来に希望がもてる人と将来に絶望している人に分裂していくプロセスに入っているのではないか。これを私は「希望格差社会」と名付けたい（「はしがき―先が見えない時代に」より）。

若者の不安定就労が増加している最大の原因は，グローバル化とIT化に伴うニューエコノミーの進展にある。労働者が専門的・中核的労働者と単純労働者へと二極化し，単純労働部分が，非正規雇用のアルバイト，派遣社員等に置き換えられつつある。その影響が，若者たちに増幅した形で現れた姿が「フリーター」なのである（第5章「職業の不安定化―ニューエコノミーがもたらすもの」より）。

夢から覚める日，つまり，理想的な結婚相手が，この先も見つかりそうにない，理想的な仕事に，もう一生就けそうにもないと気づいた時に，パラサイト・シングルやフリーターはどうなるか。

彼らは日本社会全体の不良債権として顕在化する。彼らを放置すれば，貧困化し，社会の不安定要因となる。かといって，社会福祉の対象にすれば，その費用は莫大なものになろう。

早めに対策を講じなければならない（第8章「希望の喪失―リスクからの逃走」より）。

・佐藤俊樹『不平等社会日本――さよなら総中流』（2000年，中公新書）より要約

日本社会全体の配分原理はどうなっているのか。「理想は努力主義による配分だが，現実は実績主義になっている」というのが日本社会への一般的なイメージなのである。

努力主義が理想というのは，「努力で評価して欲しい」ということである。しかし，こうした話に異論がある人はいるだろう。「実績ではなく努力で」という考え方自体が実績をあげられない人間のいいわけにすぎない，いわば負け犬の遠吠えである，と。

こうした意見は，戦後日本社会でタブーとされていたが，腹の底ではそう考えてきた人は少なくないだろう。そして，このタブーも90年代後半になってうすれつつある。むしろ，「実績でなく努力で，という態度こそ戦後日本のムラ社会の弊害であり，悪平等」，「活力ある競争社会，真の公平な競争社会の実現を妨げている」という声が主流派となりつつある。

理想を実績と答えた人の平均年収は568万円，努力と答えた人は511万円。また，学歴が高くなるほど，実績と答える人が多くなる。実績か努力かは，社会的地位の高い低いに関連している。

実績主義には，高い学歴の人間が多く，ホワイトカラー雇用上層など，高い学歴を活かす職業についている。それだけではない。実績主義の人々は，その父親の学歴も高い。彼らの高い学歴は父親の高い学歴をひきついだものなのだ（第1章「平等の中の疑惑―実績VS努力」より）。

事務職を経て管理職へと昇進するといった長期のキャリアコースが設定されている場合には，本人の現職を世代間移動の到達点にするのは適切ではない。本人の40歳職でみたいところだ。40歳職，ホワイトカラー雇用上層の人々は父の学歴も高い。父の学歴が高いほど，選

格差論争関係資料（第Ⅱ部第1章）

■労働経済学における論争（いわゆる橘木・大竹論争）

・橘木俊詔『日本の経済格差――所得と資産から考える』（1998年，岩波新書）より要約

日本の所得分配は不平等に向かっている。国際比較の上からも，わが国の平等神話はもう存在しないことが示された。

資産分配もバブル期を中心に極端な不平等化に向かったが，その後，それはやや軟化して現在に至っている。

所得分配不平等化の要因は，賃金分配の緩やかな不平等化，社会の高齢化，単身家計の増加，家計内の稼得者の微増，一部の資産保有者による金利所得の増加などである。

資産分配の不平等については，バブル期に地価や株価が急騰したこと，また，持つ者と持たざるものの差が，資産分配を決定したことなどがあった。特に，土地を中心とした資産が，親子間の遺産相続として世代間移転されている。

・大竹文雄『日本の不平等――格差社会の幻想と未来』（2005年，日本経済新聞社）より要約

橘木による，国際比較は正しくない。厚生省「所得再分配調査」の「当初所得」は公的年金の受け取りを含まない。一方，日本の「家計調査」や米国の所得調査（CPS）では，公的年金を所得にカウントしている。年金受給者が増加することで，このバイアスは大きくなる。所得概念の正確な国際的統一は困難であるが，経済企画庁の分析では，日本の不平等は先進国の中で中くらいであるとされている。

経済全体での所得不平等にはっきりとした上昇トレンドがあるのに，学歴間賃金格差，年齢内賃金格差，規模間賃金格差などに，必ずしも長期的なトレンドは観察されない。グループ間の所得格差にあまり変化がないのに，人口全体の賃金格差・所得格差は着実に不平等化している。その原因は，グループのシェアが変化したからだ。年齢が高いほど，同じ年齢内の所得格差は大きくなる。人口高齢化が進むと，その分，経済全体の不平等は拡大していくのは自然である。

人口高齢化が，所得不平等化をある程度説明するのならば，所得不平等化はある種の「みせかけ」のものにすぎない。それでは，なぜ，人々は所得格差を実感し，関心を抱いたのであろうか。意識調査を利用すると，高学歴者や高所得者は，所得格差の高まりを低所得者よりも認識しているが，それを問題とは考えない傾向がある。一方，危険回避度が高い人々は，所得格差が将来拡大することを予測し，格差拡大を問題であると考える傾向が高い（危険回避度が高い人とは低い降水確率でも傘を携行する人のこと）。

■社会学の分野からの論点整理

・山田昌弘『希望格差社会――「負け組」の絶望感が日本を引き裂く』（2004年，筑摩書房）より要約

フリーターや失業者など職が不安定な若者は400万人いる。これでは国民年金未納率が36

他方，絶え間なく知識と革新が取り入れられ，付加価値の高い労働組織の新しい形態へ移行した企業も存在する。これらの「高い技術・高い信頼」を持つ組織は労働者が生き残る唯一の方向を提示している。よい慣行はサービスや公務を含む経済の全域に適用されなければならない。

労働組合は経営側と共に，変化するためのこの「質を高める」取組の作業を構築する中心的な役割を担っている。労働市場の規制緩和は中心的な論点ではない。労働組織の変化に対応した，労働者の内部的な職務の柔軟性が企業にとってより重要である。雇い入れや解雇の柔軟性及び賃金の切り下げは，いくら好意的に考えても的外れなものと言わざるをえず，低賃金・低技能により競争力を高めようとする方向を促進してしまうものであろう。OECD雇用研究のフォローアップにおいて，この「負の柔軟性」の論点が過度に強調されていることは，基本的な欠陥であり，変更されねばならない。

■EDRCによる対日審査報告書　Economic Survey Japan 1995-96（Paris : OECD, 1996）

日本的雇用慣行に対する総括的な認識　日本の雇用慣行は，1990年代前半の長い不景気にも耐えることができたように思われる。しかし，現在経済に影響を与えている急速な構造の変化は，日本の労働市場に大きな変化をもたらすものと思われる。長期雇用や年功賃金制度のような，高い成長率と労働力の増加を前提とする日本の雇用慣行は，低い成長率，労働力の高年齢化，日本企業による海外生産の急増を背景とすると，効率が良いとはいえない。
日本的雇用慣行の非効率性や問題点　雇用の安定性と年功賃金制度は，労働移動率を減少させている。しかし他方で，原理上，勤勉に働き技術を習得しようとする動機を弱めてしまうことが考えられる。多くの国では，優れた新入社員は早い時期に出世するのに対して，日本では雇用されてから最初の15年間は，同期の従業員が昇進する早さにはあまり違いがみられない。地位と賃金は主に従業員の年齢と勤続年数に従って上昇する。

この方法は，有能な人材を低い地位の仕事に就かせるという高いコストを伴う。

日本の労働者は，失業することが少ない反面，労働時間や賃金の変動，頻繁な配置転換などの高いリスクを負わされている。

社内での配置転換は労働者の適性や好みに合わない場合がある。
政策提言　柔軟性を促進するために，労働市場政策に関する変更が必要である。第1に，雇用主と労働組合間の合意に基づいて，民間職業紹介事業と労働者派遣事業が，より大きな役割を果たすことを認めることによって，企業は必要な技術を持つ労働者を得やすくなるであろう。

第2に，正社員の解雇に対する厳しい基準を緩和することによって，労働市場の柔軟性を高めるであろう。急速な構造変化が生じている時代においては，現在の厳しい基準のために，企業が正社員の採用を見合わせるようになるおそれがある。

日本の労働者は，非常に安定した雇用の恩恵を受けている。法律は，所用の解雇手続を踏むことによって，従業員を解雇することを認めているが，裁判所はこの権利を行使する企業に制限を課している。

■TUACによる反対声明　Trade Union Statement to the 1997 OECD Council Meeting at Ministerial Level and to the Denver G7 Economic Summit（Paris : OECD, 1997）

企業の利益が改善しているにもかかわらず，「グローバル化」のキャッチワードのもとで，競争的になるために生活水準を低下させる必要があるといった誤った主張がなされている。また，いくつかの政府では，対策をとれない言いわけに利用されている。さらに，そうした政策の欠如の結果も現れてきている。

現行のOECD諸国の労働市場は，社会的な一体性を損なわせる一層不平等なものになりつつある。いくつかの企業は，OECD域外国からの低賃金の競争圧力を伴う厳しいグローバルマーケットにおいても，時代遅れの生産，競争の形態に囚われている。さらに，競争し合っているのは企業同士というよりは，違う国の労働者同士が，それぞれの国の経営者が提供する限られた雇用機会を手に入れようと，労働者同士で競争し合わなければならなくなってきている。

巻末資料

OECD「雇用戦略」関係資料（第Ⅰ部第3章）

■**OECDの雇用戦略　The OECD Jobs Study : Facts, Analysis, Strategies（Paris : OECD, 1994）**

抜本的な構造的対策の実施　景気が回復し，経済の総需要が拡大してくれば，それは雇用情勢の改善には明らかにプラスである。しかし，それだけでは今日のOECD諸国のかかえる雇用失業問題は解決し得ない。なぜならば高水準の失業の大部分は構造的な性格のものと考えられるからである。したがって，その解決のためには抜本的な構造的対策を思い切って，しかも根気強く展開する必要がある。それには次のような対策が含まれる。

①企業家精神の発揚
②規制の緩和
③インフラの整備，とりわけ通信網など
④サービスの自由化
⑤補助金の整理合理化，とりわけ後ろ向きの補助金は控える。

労働力の有効な配分のための構造改革　労働力の有効な配分を促進するためには，より積極的な労働市場政策を展開し，また必要な構造改革，制度改革を推進しなくてはならない。そうした政策としてとりわけ次の3点が重要である。

①労働市場の弾力化のための政策。たとえば，雇用保障の法的規制を弾力化し，経済的に必要な解雇などは認めるようにし，雇主が硬直的な制約をおそれず，もっと積極的に雇用活動ができるように支援する。
②積極的な労働市場政策。職業紹介機能をこれまでのようにもっぱら公共職業安定行政に委ねるのではなく，民間の職業紹介事業も並行して導入し，人材紹介の活性化をはかる。
③就業抑制型の法規制の緩和。就業に関わる社会保障税などの負担を軽減し，労働者がその負担を軽減するために就業しなくなることのないようにする。同様のことは雇主にも言えるわけで，雇用に関わる社会保障負担金を減らすことによって，雇主がもっと積極的に雇用をできるようにする。

Weber, Max, *Wirtscaft und Gesellschaft, Grundriss der verstehenden Soziologie, vierte, neu herausgegebene Auflage, besorgt von Johannes Winckelmann*, 1956, Kapitel IX. Sozioloie der Herrschaft.（「支配の社会学」『経済と社会』（第2部第9章），世良晃志郎訳，1960年，創文社）

■第Ⅲ部終章

石水喜夫「人口減少社会の労働市場」（依光正哲編著『国際化する日本の労働市場』（2003年，東洋経済新報社）に収録（第10章））
Harrod, R. F., *Towards a Dynamic Economics: Some Recent Developments of Economic Theory and their Application to Policy*, 1948.（『動態経済学序説』，高橋長太郎・鈴木諒一訳，1953年，有斐閣）
Solow, R. M., *Growth Theory*, 1970.（『成長理論』，福岡正夫訳，1971年，岩波書店）

■本書全体

佐藤昌介『高野長英』（1997年，岩波新書）
日本労働研究機構「「21世紀と職業」に関する懇話会とりまとめ」（2002年5月）
藤田覚『日本史リブレット48　近世の三大改革』（2002年，山川出版社）
松浦玲『勝海舟』（1968年，中公新書）
山本七平『「空気」の研究』（1983年，文春文庫）
依光正哲・石水喜夫『現代雇用政策の論理』（1999年，新評論）

■第Ⅱ部第2章

伊東光晴『ケインズ――“新しい経済学”の誕生』（1962年，岩波新書）

伊東光晴『現代に生きるケインズ――モラル・サイエンスとしての経済理論』（2006年，岩波新書）

大塚勇一郎編著『現代経済学への誘い』（1998年，八千代出版）

川口弘『ケインズ一般理論の基礎』（1977年，有斐閣）

小林昇『経済学の形成時代』（1961年，未來社）

小林昇『国富論体系の成立』（1977年，未來社）

塩野谷九十九『経済発展と資本蓄積』（1951年，東洋経済新報社）

第87回ILO総会事務局長報告「ディーセントワーク：働く価値ある仕事の実現をめざして」（1999年，ILO東京支局）

宮崎義一・伊東光晴『コンメンタール　ケインズ一般理論』（1961年，日本評論社）

Hansen, Alvin H., “Economic Progress and Declining Populatio Growth”, *The American Economic Review*, Vol, XXIX, 1938, No.1, Part I.

Hansen, Alvin H., *Fiscal Policy and Business Cycles*, 1941.（『財政政策と景気循環』，都留重人訳，1950年，日本評論社）

Hansen, Alvin H., *A Guide to Keynes*, 1953.（『ケインズ経済学入門』，大石泰彦訳，1956年，東京創元社）

Keynes, J. M., *The General Theory of Employment, Interest and Money*, 1936.（『雇用・利子および貨幣の一般理論』，塩野谷祐一訳，1983年，東洋経済新報社）

Keynes, J. M., “Some Economic Consequences of a Declining Population”, *Eugenics Review*, April, 1937.

Robinson, Joan, *Introduction to the Theory of Employment*, 1937.（『ケインズ雇用理論入門』，川口弘訳，1958年，巌松堂出版）

Smith, Adam, *An inquiry into the nature and causes of the wealth of nations*, 1776.（『国富論（1～4）』，水田洋監訳・杉山忠平訳，2000年，岩波文庫）

Thomas, Albert, *Historie Anecdotique du Travail: Lectures Historiques.* 2e edition, 1925.（『労働史講話』，松本重治訳，1974年，日本労働協会）

■第Ⅱ部第3章

石水喜夫「転換期の日本社会と政策研究――人口減少問題をめぐって」（連合総合生活開発研究所『連合総研レポートDIO』No.197，2005年9月）

氏原正治郎・高梨昌『日本労働市場分析（上・下）』（1971年，東京大学出版会）

高梨昌「私の労働問題研究四五年の歩み――社会との関わりのなかで」（『信州大学経済学論集』第30号，1993年3月）

隅谷三喜男「賃労働の理論について――労働経済学の構想」（東京大学経済学部『経済学論集』第23巻第1号，1954年11月）

隅谷三喜男『労働経済論』（1965年，日本評論社）

Weber, Max, *Die protestantische Ethik und der >Geist< des Kapitalismus*, 1904/05.（『プロテスタンティズムの倫理と資本主義の精神（上・下）』，梶山力・大塚久夫訳，1955/62年，岩波文庫）

Weber, Max, *Wissenschaft als Beruf*, 1919.（『職業としての学問』，尾高邦雄訳，1936年，岩波文庫）

NTT出版）
高梨昌・大脇雅子・熊沢誠・山路憲夫『働くものの権利が危ない——今なぜ，労働法制の規制緩和か』（1998年，かもがわ出版）
西垣通『マルチメディア』（1994年，岩波新書）
西垣通『IT革命——ネット社会のゆくえ』（2001年，岩波新書）
西垣通『ウェブ社会をどう生きるか』（2007年，岩波新書）
西垣通『基礎情報学——生命から社会へ』（2004年，NTT出版）
西垣通『情報学的転回——IT社会のゆくえ』（2005年，春秋社）
原洋之介『グローバリズムの終宴——アジア危機と再生を読み解く三つの時間軸』（1999年，NTT出版）
Bell, Daniel, *The Coming of Post-Industrial Society*, 1973.（『脱工業社会の到来——社会予測の一つの試み』，内田忠夫・嘉治元郎・城塚登・馬場修・村上泰亮・谷嶋喬四郎訳，1975年，ダイヤモンド社）

■第Ⅰ部第3章

石水喜夫「OECDとILO——「雇用戦略」をめぐって」（『労働統計調査月報』Vol.53 No.9, 2001年9月）
石水喜夫「市場競争と雇用」（岡村宗二編『信頼と安心の日本経済』（2008年，勁草書房）に収録（第6章））
経済審議会建議「六分野の経済構造改革」（1996年12月）
日本経営者団体連盟「新時代の「日本的経営」——挑戦すべき方向とその具体策」（「新・日本的経営システム等研究プロジェクト報告」）（1995年5月）
日本労働組合総連合会「新時代の「日本的経営」論に関する連合の考え方」（1995年10月）
原田泰『人口減少の経済学——少子高齢化がニッポンを救う』（2001年，PHP）
村田良平『OECD（経済協力開発機構）——世界最大のシンクタンク』（2000年，中公新書）
OECD, *The OECD Jobs Stusy: Facts, Analysis, Strategies*, 1994. Paris : OECD.
OECD, *Economic Survey Japan 1995-96*, 1996. Paris : OECD.（『OECDによる日本経済への提言〔対日経済審査報告書〕』，経済企画庁調整局訳，1997年，大蔵省印刷局）
OECD（TUAC），"Trade Union Statement to the 1997 OECD Council Meeting at Ministerial Level and to the Denver G7 Economic Summit", 1997.

■第Ⅱ部第1章

大竹文雄「90年代の所得格差」（日本労働研究機構『日本労働研究雑誌』No.480, 2000年7月）
大竹文雄『日本の不平等——格差社会の幻想と未来』（2005年，日本経済新聞社）
佐藤俊樹『不平等社会日本——さよなら総中流』（2000年，中公新書）
盛山和夫「階層再生産の神話」（樋口美雄＋財務省財務総合研究所『日本の所得格差と社会階層』（2003年，日本評論社）に収録）
橘木俊詔『日本の経済格差——所得と資産から考える』（1998年，岩波新書）
山田昌弘『希望格差社会——「負け組」の絶望感が日本を引き裂く』（2004年，筑摩書房）

参考文献一覧

■第Ⅰ部第1章

石水喜夫『市場中心主義への挑戦——人口減少の衝撃と日本経済』（2002年，新評論）

石水喜夫「転換期の日本社会と雇用政策——求められる世代間問題の視点」（日本計画行政学会『計画行政』第27巻第2号，2004年6月）

楠田丘『賃金とは何か——戦後日本の人事・賃金制度史』（2004年，中央経済社）

経済企画庁『戦後日本経済の軌跡——経済企画庁50年史』（1997年，大蔵省印刷局）

斎藤修『比較史の遠近法』（1997年，NTT出版）

斎藤修『賃金と労働時間と生活水準——日本経済史における18-20世紀』（1998，岩波書店）

斎藤修『江戸と大阪——近代日本の都市起源』（2002年，NTT出版）

斎藤修『比較経済発展論——歴史的アプローチ』（2008年，岩波書店）

城山三郎『官僚たちの夏』（1975年，新潮文庫）

高梨昌「戦後労働市場研究小論——労働市場研究前史」（『信州大学経済学論集』第7号，1973年2月）

高梨昌『雇用政策見直しの視点——安易な規制の緩和・撤廃論を排す』（1999年，労務行政研究所）

高梨昌「今日の経済・社会政策の潮流批判——わが国の「構造改革」の問題点と帰結」（現代経済研究会『日本産業再構築の戦略——市場原理主義批判』（2003年，エイデル出版）に収録（総論））

増田米二「安定経済計画下労働経済への一考察」（『労働統計調査月報』1950年第4号）

吉田茂『日本を決定した百年』（1967年，日本経済新聞社）

Yergin, Daniel and Joseph Stanislaw, *The Commanding Heights: The Battle Between Government and the Marketplace That Is Remaking the Modern World*, 1998.（『市場対国家——世界を作り変える歴史的攻防（上・下）』，山岡洋一訳，1998年，日本経済新聞社）

■第Ⅰ部第2章

伊東光晴『日本経済を問う——誤った理論は誤った政策を導く』（2006年，岩波書店）

経済審議会「グローバリゼーション部会報告書」（1999年6月）

佐伯啓思『成長経済の終焉——資本主義の限界と「豊かさ」の再定義』（2003年，ダイヤモンド社）

佐伯啓思『倫理としてのナショナリズム——グローバリズムの虚無を超えて』（2005年，

著者紹介

石水喜夫（いしみず　よしお）

大東文化大学講師。

1965年生まれ。立教大学経済学部経済学科卒業。1989年、労働省入省。大臣官房政策調査部、職業安定局、経済企画庁、日本労働研究機構を経て、現在、厚生労働省労働経済調査官。2006年より大東文化大学経済学部社会経済学科非常勤講師を兼務。一橋大学大学院社会学研究科非常勤講師、経済産業研究所コンサルティングフェローなどを歴任。

著書に『現代雇用政策の論理』（依光正哲教授との共著、1999年、新評論）、『市場中心主義への挑戦—人口減少の衝撃と日本経済』（2002年、新評論）など。

ポスト構造改革の経済思想　（検印廃止）

2009年4月10日　初版第1刷発行
2012年3月25日　初版第2刷発行
2021年3月10日　初版第3刷発行

著　者　石　水　喜　夫
発行者　武　市　一　幸

発行所　株式会社　新　評　論

〒169-0051　東京都新宿区西早稲田3-16-28
http://www.shinhyoron.co.jp

TEL　03（3202）7391
FAX　03（3202）5832
振替　00160-1-113487

定価はカバーに表示してあります
落丁・乱丁本はお取り替えします

装幀　山田英春
印刷　神谷印刷
製本　清水製本プラス紙工

ISBN978-4-7948-0799-1 C0033
Printed in Japan